AF309403

**DROIT ROMAIN**

# DU
# ROLE DES ÉVÊQUES

DANS LE DROIT PUBLIC & PRIVÉ DU BAS-EMPIRE

**DROIT FRANÇAIS**

# DES ÉVÊQUES

DANS

LEURS RAPPORTS AVEC LE POUVOIR CIVIL

## THÈSE POUR LE DOCTORAT

PAR

## Louis GALTIER

AVOCAT A LA COUR D'APPEL

**PARIS**

LIBRAIRIE NOUVELLE DE DROIT ET DE JURISPRUDENCE

## ARTHUR ROUSSEAU, ÉDITEUR

14, RUE SOUFFLOT ET RUE TOULLIER, 13

1893

# THÈSE

## POUR LE DOCTORAT

FACULTÉ DE DROIT DE PARIS

## DROIT ROMAIN

# DU
# ROLE DES ÉVÊQUES

### DANS LE DROIT PUBLIC & PRIVÉ DU BAS-EMPIRE

## DROIT FRANÇAIS

# DES ÉVÊQUES

### DANS
### LEURS RAPPORTS AVEC LE POUVOIR CIVIL

## THÈSE POUR LE DOCTORAT

L'ACTE PUBLIC SUR LES MATIÈRES CI-APRÈS
*Sera soutenu le lundi 15 mai 1893, à 8 heures 1/2 du matin.*

PAR

## Louis GALTIER

AVOCAT A LA COUR D'APPEL

*Président :* M. GLASSON.

*Suffragants :* { MM. JALABERT. DUCROCQ. HENRY MICHEL. } *professeurs.*

**PARIS**

LIBRAIRIE NOUVELLE DE DROIT ET DE JURISPRUDENCE

## ARTHUR ROUSSEAU, ÉDITEUR

14, RUE SOUFFLOT ET RUE TOULLIER, 13

1893

*A LA MÉMOIRE DE MON PÈRE*


*A MA MÈRE*


*A MON FRÈRE FRANÇOIS-RÉGIS*


*A MA SŒUR MARGUERITE*

# DROIT ROMAIN

## DU ROLE DES ÉVÊQUES

### DANS LE DROIT PUBLIC ET PRIVÉ DU BAS-EMPIRE

## INDEX BIBLIOGRAPHIQUE

**Allard** (Paul). — Histoire des persécutions pendant les deux premiers siècles. — Histoire des persécutions pendant la première moitié du troisième siècle.

**Aubé.** — De l'Eglise et de l'Etat dans la deuxième moitié du troisième siècle.

**Beauchet.** — Origine de la juridiction ecclésiastique et son développement en France : dans la *Nouvelle revue historique de droit français et étranger*. Année 1883.

**Boissier** (Gaston). — La fin du Paganisme.

**Bouché-Leclercq.** — Manuel des Institutions romaines.

**De Broglie.** — L'Eglise et l'Empire romain au IV<sup>e</sup> siècle.

**Chambellan.** — Etudes sur l'histoire du droit français.

**Daremberg et Saglio.** — Dictionnaire des antiquités grecques et romaines.

**Desjardins.** — « *De civitatum defensoribus sub imperatoribus romanis* ».

**Fleury** (l'abbé). — Institution du droit ecclésiastique.

**Fustel de Coulanges.** — Histoire des institutions de l'ancienne France.

**Gibbon.** — Histoire de la décadence et de la chute de l'Empire romain.

**Giraud.** — Essai sur l'histoire du droit français au moyen-âge.

**Glasson.** — Histoire du droit et des Institutions de la France.

**Godefroy.** — « *Codex Theodosianus* ».

**Guizot.** — Histoire de la civilisation en France.

**Hœnel.** — « *Corpus juris antejustinianei* ».

**Horoy.** — Des rapports du sacerdoce avec l'autorité civile.

**Mérivale.** — Histoire des Romains sous l'Empire.

**Mommsen.** — Manuel des antiquités romaines.

**Mortreuil.** — Histoire du droit byzantin.

**Naudet.** — Changements opérés dans toutes les parties de l'administration romaine sous les règnes de Dioclétien, de Constantin et de ses successeurs jusqu'à Julien.

**Pètre.** — Influence de la religion sur la condition des personnes. (Thèse 1888).

**Plocque.** — Condition de l'Eglise sous l'Empire romain.

**Savigny** (de). — Histoire du droit romain au moyen âge.

**Serrigny.** — Droit administratif romain.

**Thierry** (Amédée). — De la municipalité romaine et de la constitution du droit communal sous l'Empire romain : dans les *Séances et Travaux de l'Académie des sciences morales.* Tome XII et tome XVI.

**Troplong.** — Etude de l'influence du christianisme sur le droit civil romain.

**De Valroger.** — Cours d'histoire du droit français, 1880.

# INTRODUCTION

La situation faite au christianisme par les premiers empereurs chrétiens n'a manqué ni d'historiens illustres, ni de commentateurs de mérite (1).

Deux catégories d'écrivains ont en effet publié des travaux sur cette intéressante période de l'histoire qui commence à l'Édit de Milan, édit de tolérance religieuse rendu en 313, par Constantin, et finit, sans date précise, avec l'empire d'Occident : des juristes et des historiens.

De ces derniers, nous n'avons rien à dire, le point de vue auquel ils se sont placés étant tout différent du nôtre.

Les juristes ont surtout envisagé deux côtés de cette intéressante question : les uns ont établi ou combattu la théorie de l'influence du christianisme sur la législation romaine ; les autres ont recherché quelle situation à part, avait été faite à l'Église, dans les personnes physiques ou morales qui la composaient, et dans ses biens.

Notre travail ne rentrera dans aucun de ces genres.

Au cours de nos études sur le droit de Justinien, notre attention avait été mise en éveil par l'intervention *active* de l'Église dans le fonctionnement de plusieurs institutions romaines. Ce n'étaient là que des faits isolés : leur enchaî-

(1) V. notre index bibliographique.

nement juridique, la théorie de leur ensemble nous échappaient. C'est cet ensemble de services rendus par l'Église à la société civile, qui faisait d'elle, à ces divers points de vue, et dans une certaine mesure, la dépositaire de l'autorité publique, que nous avons voulu rechercher, exposer.

On ne trouvera donc dans cette étude, ni la théorie des biens de l'Église, ni celle du droit des personnes ecclésiastiques, sous le Bas-Empire : ce n'est pas la situation privilégiée faite à l'Église chrétienne que nous avons envisagée, c'est le rôle actif qu'elle a joué dans le domaine juridique.

Mais par quels organes l'Église intervenait-elle ainsi, activement, dans le droit public, civil ou criminel du bas-Empire ? Par les évêques, à n'en pas douter. L'évêque est en effet la personnalité ecclésiastique derrière laquelle toutes les autres s'effacent et s'abritent, dans les rapports de l'Église avec le pouvoir civil. Dans le domaine spirituel, l'évêque n'est qu'un personnage important de l'Église ; il a au-dessous de lui, les prêtres, les clercs, les ordres religieux et au-dessus, les conciles, les patriarches, enfin l'évêque de Rome. Dans le domaine temporel, il est tout ; c'est avec lui seul que la société civile doit parlementer, et c'est lui seul qui négocie, parle et agit au nom de l'Église.

Aussi pour plus de précision, avons-nous donné pour titre à ce travail, non pas : « du rôle de l'Église... » mais « du rôle des évêques... »

Nous croyons même devoir donner ici, en raison de l'importance sociale des évêques dans le Bas-Empire, quelques détails sur leur nomination, et sur la situation qu'ils occupaient dans la hiérarchie impériale.

Dans les premiers siècles, c'est-à-dire au temps des persécutions, alors que les diverses communautés chrétiennes étaient relativement composées d'un petit nombre de fidèles animés des plus pures intentions, l'évêque était réellement élu par le peuple. Il ne pouvait plus en être ainsi, lorsque les multitudes, les pays entiers, eurent fait adhésion au christianisme. Dès lors, il était impossible que tous les chrétiens de ce que nous appelons aujourd'hui un diocèse, connussent suffisamment celui qui devait être choisi pour gouverner leur église ; de plus il eût été à craindre que les passions ou les préjugés populaires ne portassent une grave atteinte à la bonne composition de l'épiscopat. Aussi le nombre des électeurs dût-il aller se restreignant de plus en plus. Déjà les empereurs Léon et Anthémius ne confiaient le choix des évêques qu'à des hommes aux intentions pures : « *puris hominum mentibus* (1) ». Justinien réglementa, d'une façon plus précise et plus définitive, le mode de nomination des évêques. Dans sa Novelle 123, il décide que lorsqu'on aura à pourvoir un siège épiscopal, *le clergé* se réunira *aux notables* de la cité « *clerici et primores urbis* », pour choisir trois candidats, irréprochables au point de vue de la doctrine et des mœurs, n'ayant pas d'enfants, ni de femme vivante, à moins qu'elle ne soit dans la vie religieuse « *deo dicata* », et habitant autant que possible, la ville épiscopale. Le choix entre ces trois noms

_______

(1) Loi 30, Code Just. I, 3 *de episcopis et clericis.*

proposés, appartenait au prélat qui était désigné pour procéder à l'ordination « *qui ordinat* », c'était en général le métropolitain assisté de deux autres évêques.

Ainsi élu et ordonné, l'évêque avait désormais sa place, et une place très importante dans la hiérarchie sociale. Mais on ferait erreur, si on voulait le ranger parmi les *Nobilissimi*, les *clarissimi*, les *illustres* ou les *spectabiles*. La vérité, c'est qu'il était en dehors de cette classification de la noblesse du Bas-Empire ; mais il en avait les prérogatives et les honneurs, et tout nous porte à croire que dans l'esprit des empereurs comme des peuples, les évêques bien que placés dans une sphère à part, avaient un rôle et un prestige supérieurs à tous les dignitaires de l'empire. C'est ainsi que Justinien leur donne des attributions de contrôle et de surveillance sur les « Présidents de Provinces », qui étaient les lieutenants directs de l'empereur (1).

Les attributions dévolues aux évêques par les empereurs chrétiens sont d'importance très variable, et relatives à de nombreuses et bien différentes matières. Nous avons pu toutefois les ranger sous quatre chefs principaux : attributions relatives à leur pouvoir de rendre des sentences ; attributions qui leur appartenaient en qualité de défenseurs des cités ; attributions relatives au droit d'asile ; relatives enfin aux affranchissements.

De ces quatre groupes, le premier est certainement le plus important. Aussi ne s'étonnera-t-on pas que nous

_______

(1) V. Novelle 86.

lui ayions consacré la majeure partie de ce travail. Simples arbitrages, à l'origine et pendant de longs siècles, mais avec des tâtonnements, des extensions et des restrictions exagérées, les sentences épiscopales trouvent leur domaine définitif dans la législation de Justinien. Elles se transforment alors en véritable juridiction contentieuse, mais sont exclusivement relatives aux clercs. C'est la juridiction ecclésiastique, le privilège clérical et la naissance des officialités, que nous trouvons dans les Novelles.

Il va sans dire que nous ne nous sommes occupés que des sentences rendues par les évêques relativement au droit public, civil ou criminel, en d'autres termes de leur juridiction en matière temporelle. Leur juridiction spirituelle n'a pas été soumise aux mêmes fluctuations; elle s'est toujours affirmée et maintenue avec la même portée: son étude ne rentrait en aucune façon dans notre programme.

Il n'est peut-être pas sans intérêt de faire remarquer, que le même empereur qui, après avoir reconnu la liberté des cultes dans l'Édit de Milan, sanctionnait les décisions rendues par les évêques, permettait également aux juifs et aux payens de faire trancher leurs différends par les Pontifes de leur religion. Une loi de 358, rendue par Arcadius et Honorius, consacra sur ce point la législation de Constantin.

# PREMIÈRE PARTIE

# DES SENTENCES ÉPISCOPALES

## I

## DROIT ANTÉRIEUR A JUSTINIEN

## CHAPITRE PREMIER

### JURIDICTION (1) CIVILE.

SECTION I. — **Juridiction civile avant l'Édit de Milan.**

La juridiction ecclésiastique qui a rendu, aux époques de barbarie, de si grands services à la civilisation, n'est pas née, comme on pourrait le croire, dans une constitution impériale, ni dans un acte quelconque du pouvoir romain.

Elle est à proprement parler, d'origine coutumière, et lorsque le premier empereur chrétien lui a donné la sanction légale, elle avait déjà une existence trois fois séculaire. Les premiers chrétiens la connaissaient à n'en pas douter ; je n'en veux pour preuve que la lettre de Saint Paul aux

(1) Nous expliquerons plus bas que nous n'employons le mot *juridiction* que pour la commodité du langage, mais que nous n'entendons nullement lui donner ici, la signification précise qu'il avait en droit romain.

Corinthiens (1) dans laquelle l'apôtre non seulement re-
commande aux chrétiens de soumettre leurs différends aux
évêques, mais s'étonne que cette coutume ne soit pas una-
nime. Elle était donc déjà assez généralement suivie.

Cette coutume se comprend d'ailleurs et s'explique aisément. De nombreuses raisons poussaient les membres de
la primitive Eglise à agir ainsi.

Saint Paul ne leur avait-il pas donné le conseil, de ne
pas offrir aux payens le spectacle de leurs contestations
pécuniaires ? Les tribunaux de droit commun d'autre part,
n'avait rien qui put les attirer : la procédure y rappelait le
vieux formalisme payen que réprouvaient également leur
foi et leur bon sens, et de plus ils s'exposaient, au cours
du procès, à être dénoncés comme chrétiens, passibles, à
ce titre, des plus sévères châtiments.

La juridiction des évêques était, au contraire, toute pa-
ternelle. Elle n'entraînait pas de frais et n'assujettissait à
aucune formalité inutile ; la sentence était rendue d'après
les seules données de la justice et de la raison ; le juge,
enfin, n'oubliait pas que son rôle devait être avant tout,
conciliateur, et, soit que l'accord intervint avant la sentence,
soit que le litige suivit son cours, les plaideurs ne se reti-
raient pas sans avoir reçu les conseils de la sagesse et du
pardon. Ce tableau de la Justice épiscopale durant les premiers siècles de notre ère, ressemble fort à cet idéal de justice auquel aspire l'esprit moderne, mais dont les compli-

_______

(1) « *Audet aliquis vestrum*, habens negotium adversus alterum, judicari
apud iniquos et non apud sanctos ? » Ad Corinth., I, 6.

cations sociales empêcheront toujours la réalisation complète, et cependant les meilleures autorités historiques le garantissent exempt de toute fantaisie.

Comment s'étonner alors, que cette juridiction toute volontaire ait pris aussi rapidement une si grande importance. L'esprit de famille qui régnait parmi les premiers chrétiens, les liens si forts qu'une foi commune établissait entre eux et que les persécutions ne faisaient que resserrer, suffiraient déjà à l'expliquer. Les avantages incontestables au point de vue purement humain, qui en résultaient pour les justiciables, enlèvent à ce phénomène tout caractère d'invraisemblance.

Il est à peine utile d'ajouter que les jugements rendus ainsi par les évêques, n'avaient aucune valeur légale. Ils s'imposaient seulement à la conscience des plaideurs, et c'est, il faut l'avouer, un spectacle assez peu commun que celui d'une institution qui juge, condamne et absout, pendant trois siècles, sans que la force publique concoure une seule fois à l'exécution de ses arrêts.

Ce rapide coup d'œil jeté sur l'arbitrage épiscopal avant l'avènement de Constantin, était nécessaire, puisqu'ainsi que nous l'avons déjà dit, le rôle de Constantin a consisté non pas à le créer, mais à en reconnaître l'existence et à en sanctionner les décisions.

Au début du IV<sup>e</sup> siècle, cette juridiction toute volontaire des évêques était tellement entrée dans les mœurs de la société chrétienne, que l'un des premiers actes par lesquels le vainqueur de Maxence ait voulu témoigner publiquement sa faveur à la religion du Christ, a été l'assurance que le pouvoir civil prêterait désormais son bras pour l'exécution des sentences épiscopales.


## SECTION II. — Constitution de 318.

Le premier monument législatif que nous possédions sur cette innovation importante, est une constitution de 318 ou de 321, dont l'existence nous est attestée par deux historiens contemporains de Constantin : Eusèbe, évêque de Césarée, dans sa « Vie de Constantin » et Sozomène dans son « Histoire ecclésiastique » (1). Nous croyons utile, nécessaire même, vu l'importance de ce document, d'en placer ici le texte complet :

« Judex pro sua sollicitudine observare debebit, ut, si ad episcopale judicium provocetur, silentium accommodetur. Et si quis ad legem christianam negotium transferre voluerit, et illud judicium observavere, audietur, etiamsi negotium sit apud judicem inchoatum, et pro sanctis habeatur quidquid ad his fuerit judicatum : ita tamen, ne usurpetur in eo, ut unus ex litigantibus pergat ad supradictum auditorium et arbitrium suum enunciet. Judex enim præsentis causæ integre habere debet arbritrium, ut omnibus accepto latis pronunciet ».

Ce document, dont l'authenticité n'a jamais été mise en doute, doit être considéré, selon toute vraisemblance,

_______
(1) On la trouve aussi dans le Code théodosien, édition Hænel, I, 27.

comme le premier sur cette matière. Nous n'en connaissons pas d'autres qui lui soient antérieurs et les termes généraux dans lesquels il est conçu, montrent bien que le législateur entendait consacrer une nouveauté. Les autres textes qui existent sur le même sujet, lui sont postérieurs de 80 ans et n'ont eu pour but que de le confirmer ou de le rétablir lorsque des troubles passagers en avaient suspendu l'exécution. Ils subiront du reste en temps et lieu notre examen.

La constitution de 318 s'impose donc tout d'abord à notre étude. Elle sera le siège principal de nos explications sur la juridiction épiscopale.

### § 1er. — Terminologie et caractère.

Quand nous parlons de *juridiction* en cette matière, nous employons l'expression courante qui désigne dans notre langue, le pouvoir de juger. Mais nous serions dans l'erreur si, parlant la langue juridique latine, dans laquelle tous les mots avaient un sens si précis, nous caractérisions de « *jurisdictio* » le privilège accordé aux évêques par Constantin.

Il est facile, en effet, de se rendre compte, en ouvrant les recueils de lois romaines ou les auteurs qui les ont commentées, qu'il n'est question nulle part de « *jurisdic= tio episcopalis* ». Le titre quatrième du livre 1er, au Code de Justinien, qui est relatif à notre sujet est intitulé : « *De episcopali audientia* », et c'est l'expression qui est à peu près partout répétée. A cette différence dans les termes, correspond bien certainement une différence quant au fond.

A Rome, il n'y avait « *jurisdictio* » que si, dans une magistrature, il se rencontrait deux pouvoirs : celui de juger au contentieux, et celui de disposer de la force publique pour assurer l'exécution de ses propres sentences. Ce dernier pouvoir, qui à vrai dire, supposait toujours le premier, s'appelait l' « *imperium* » ; les magistrats seuls en étaient investis. Le premier, au contraire, était désigné par les mots : *notio, cognitio, audientia, judicium...* et pouvait être délégué à de simples citoyens. Ces deux pouvoirs se distinguaient si bien l'un de l'autre, que pendant cinq siècles, c'est-à-dire sous le régime de la « procédure formulaire » qui commence avec la loi ÆBUTIA, par conjecture de 577 ou 583 de R. et finit sous Dioclétien en 294 après Jésus-Christ, le magistrat investi de l' « *imperium* », ne jugeait pas. Tout procès comprenait alors deux phases. Lorsque les parties voulaient en engager un, elles se présentaient d'abord devant le préteur, que nous appellerions aujourd'hui le magistrat de droit commun, qui possédait la plénitude de la *jurisdictio* ; en peu de mots, elle lui exposaient la cause de leur différend. Le préteur, sans juger en rien le débat, leur délivrait une *formule* dans laquelle il posait simplement la question à résoudre par le juge. Ce juge était choisi par les parties, ou en cas de désaccord, désigné par le préteur, et inscrit par celui-ci en tête de la formule.

Là, finissait la première partie du procès, qu'on appelait la procédure « *in jure* ».

Nantis de la formule, les plaideurs se présentaient ensuite devant le juge dont le nom figurait sur l'édit prétorien, et les débats s'engageaient. Le juge écoutait les parties, entendait les témoins, et prononçait la sentence, *que le préteur était chargé de faire exécuter.* C'était la procédure « *in judicio* ». Quand les choses se passaient ainsi, on disait que le litige avait suivi l' « *ordo judiciorum* ». dans certains cas tout à fait exceptionnels, le préteur connaissait de l'affaire du commencement jusqu'à la fin et prononçait lui-même le jugement. On disait alors qu'il y avait « *cognitio extra ordinem* ». C'est cette exception que Dioclétien transforma en règle, en décidant dans sa constitution de l'an 294 que, désormais, les magistrats ne pourraient plus comme ils le faisaient auparavant, renvoyer les parties devant des juges-pédanés ou juges-arbitres, mais qu'ils jugeraient eux-mêmes et trancheraient les différends.

Rien, à notre avis, ne peut mieux faire saisir le véritable caractère de l'arbitrage épiscopal que cette digression sur la procédure du droit classique. Nous avons vu pendant cinq siècles, l' « *imperium* », dans les mains *du préteur* et la « *cognitio* » dans celles *du juge*, fonctionner séparément, puis réunis par Dioclétien dans une seule main; comment nous étonnerions-nous de les voir une fois encore séparés par Constantin, non pas d'une manière générale, mais dans les cas spéciaux qui peuvent être déférés aux évêques ?

Ce n'est pas à dire que l'évêque sous le Bas-Empire, joue le même rôle que le juge-juré de l'époque classique. De profondes différences séparent ces deux sortes de « *cognitio* », soit dans leur forme, soit dans leurs effets, soit dans leurs conditions d'exercice.

La différence essentielle consiste en ce que la juridiction des juges-jurés, était obligatoire, tandis que celle des évêques était, en général (1), pleinement facultative pour les parties. De plus les parties ne pouvaient se présenter devant le juge qu'après avoir comparu devant le préteur, et obtenu de lui une formule ; elles pouvaient au contraire se présenter directement devant l'évêque, pourvu qu'elles fussent toutes deux d'accord sur ce point : aucune formule n'était délivrée au préalable, par un magistrat.

De telle façon, que suivant que l'on se place à tel ou tel point de vue, on trouve à la juridiction épiscopale, un caractère supérieur ou inférieur à celle des juges-arbitres : ceux-ci n'ont pas de pouvoir propre, ils ne jugent qu'en vertu d'une délégation du magistrat et sont même limités dans leur pouvoir, par la teneur de la formule que le préteur a délivrée aux parties ; mais d'autre part, leur juridiction est obligatoire, les plaideurs ne peuvent jamais s'y soustraire, si ce n'est dans les affaires exceptionnelles, dont le préteur retient la connaissance. Les évêques ont

(1) V. la controverse sur la constitution de 331 que nous examinons plus loin, ainsi que les innovations de Justinien.

au contraire, un véritable pouvoir de juger qui leur appartient en propre, c'est-à-dire, qui leur a été conféré par les constitutions et qu'il n'est au pouvoir d'aucun magistrat de leur enlever ; toutefois, pour être compétent, ils doivent être librement choisis par les parties. Celles-ci peuvent du reste soumettre directement à l'évêque leur différend ; aucune formule, aucune autorisation préalable d'un magistrat ne leur sont nécessaires. Et il ne faudrait pas croire que cela se réduise à la dispense d'une simple formalité : la délivrance d'une formule. De ce qu'il n'y avait pas de formule, il s'ensuivait que l'évêque n'avait à considérer, pour trancher le différend qui lui était soumis, que la seule équité.

Enfermé dans les termes rigoureux de la formule, le « judex » de l'époque classique, ne pouvait en sortir sous peine d'être traité comme « ayant fait le procès sien », c'est-à-dire comme prévaricateur. Il devait seulement répondre d'une façon précise à la question exacte qui lui était posée : Negidius doit-il à Agerius cent sesterces ? ou encore : l'esclave Stichus est-il la propriété quiritaire d'Agerius ? Si Negidius ne devait que quatre-vingt-dix-neuf sesterces ; si Agerius n'étant pas citoyen romain ne pouvait pas être propriétaire « ex jure quiritium », le rigorisme du droit civil imposait au juge, dans le premier cas d'absoudre entièrement Negidius, dans le second, de débouter Agerius de sa demande en revendication et de laisser l'esclave Stichus soit en liberté soit à son possesseur. Ces inconvénients et bien d'autres résultant du formalisme

ancien que la jurisprudence prétorienne avait eu tant de
peine à atténuer, étaient inconnus au tribunal de l'évêque..
Là, on se préoccupait uniquement de savoir de quel côté
étaient le bon droit, l'équité, la justice, et la sentence rendue en conformité avec ces principes, n'avait à craindre
aucune nullité pour vice de forme.

§ 2. — Forme.

Car ce qui caractérise cette juridiction épiscopale, c'est
l'absence non pas seulement de formalisme, mais même
de formes, de procédure comme nous dirions aujourd'hui.
Du moins, l'histoire ne nous en a pas conservé la descrip-
tion.

Y avait-il une assignation, sous une forme ou sous une
autre ? Il est probable qu'il n'y en eut pas tant que cette
juridiction conserva son caractère arbitral, facultatif. Le
consentement des deux parties étant nécessaire pour rendre l'évêque compétent, l'absence de l'une devait être
interprétée comme un refus. Si les parties comparaissaient
spontanément, les débats suivaient leur cours ordinaire :
témoins et parties étaient successivement entendus.

C'était l'évêque qui jugeait. Toutefois la question se
pose, de savoir s'il ne devait pas être assisté de ses clercs,
ou du moins d'un conseil, composé des plus notables parmi les prêtres de sa ville épiscopale. Le 4ᵉ concile de Carthage (en 414) lui en fait une obligation pour les sentences
rendues en matière de discipline ecclésiastique. Cette pres-

cription avait surtout pour but d'éviter que les sentences d'excommunication fussent rendues à la légère ; mais les prêtres et les clercs qui formulait le « *presbyterium* » ou conseil de l'évêque, avaient seulement voix consultative et non délibérative, car l'évêque avait seul la juridiction et seul aussi, la responsabilité de la sentence.

Tout porte à croire qu'il en était de même dans les arbitrages rendus par les évêques en matière temporelle. C'est en effet l'opinion des principaux auteurs qui ont écrit l'histoire de la primitive Église, l'évêque nous est représenté, jugeant, au milieu des prêtres, « comme un magistrat assisté de ses conseillers; les diacres étaient debout comme des appariteurs ou ministres de justice (1) ».

La sentence était enfin rendue et avec elle finissait le rôle de l'évêque, puisqu'ainsi que nous l'avons déjà dit, il ne s'occupait point de l'exécution.

Aucune forme n'était non plus imposée à cette sentence. Nous ne savons même pas si elle était constatée par écrit, ou simplement par le témoignage oral. Toutefois nous avons quelques raisons de croire qu'un écrit intervenait.

D'abord les nécessités pratiques : La loi 8 au Code de Justinien, I, 4, que nous examinons plus loin, prescrit aux juges civils, c'est-à-dire aux juges ordinaires de pourvoir eux-mêmes à l'exécution des sentences épiscopales. On comprend dès lors, que pour rendre plus facile la vérification de ces sentences, les juges devaient exiger un écrit au

_________

(1) Fleury, *Histoire ecclésiastique*.

lieu et place du témoignage oral toujours plus incertain et
surtout plus compliqué.

Il est probable que c'était l'un des diacres qui assistaient
l'évêque dans ses audiences, qui constatait ses décisions
sur un registre, et en délivrait des expéditions aux parties.
Nous trouvons du reste dans les dignités ecclésiastiques
dont Codinus, maréchal du palais de Constantinople, nous
a laissé une nomenclature assez complète, une fonction
dont le titulaire s'appelait « ὁ ὑπομνηματογράφων » et qui consistait « εἰς το γράφειν τὰ ὑπομνήματα ». Cet officier était donc
chargé de constater par écrit, tous les faits mémorables
concernant l'église à laquelle il était attaché, de tenir une
sorte de « memorandum » de ces faits, ce que les latins
appelaient un « *commentarius* ». Il est permis de supposer
que les sentences rendues par l'évêque dont dépendait l'é-
glise, rentraient dans cette catégorie de faits et qu'à ce titre
« l'ὑπομνηματογράφων » était compétent pour les enregistrer.


### § 3. — Conditions d'exercice.


Dans le paragraphe relatif au caractère de la juridiction
épiscopale, nous avons déjà parlé de la condition essentielle à son exercice : l'accord des parties.

Cette condition est en effet formellement exigée par la
constitution de 318 et aussi par les deux constitutions
d'Arcadius et Honorius, et d'Arcadius, Honorius et Théodose, qui forment les lois 7 et 8 au Code, I, 4. Nous examinerons bientôt la question de savoir si cette condition,

qui a disparu dans plusieurs hypothèses importantes sous Justinien, n'a pas également été supprimée par Constantin, quelques années après sa constitution de 318. Ce qui est incontesté c'est que cette condition imposée par la constitution de 318 a été maintenue (ou rétablie suivant les opinions) par celle de 398.

Il y avait une deuxième condition nécessaire elle aussi pour la compétence des évêques. Ils ne pouvaient connaître qu'en matière civile, cela résulte virtuellement de la constitution de 318 qui parle de « *negotium* », terme qui dans la langue juridique désigne uniquement les contestations civiles. Pareille prescription existe, et ici, en termes formels, dans la constitution de 398, d'Arcadius et Honorius : « *in civili duntaxat negotio* », dit la loi.

La raison en est facile à saisir. Lorsque deux intérêts privés sont seuls en présence, on peut permettre aux parties de les concilier à leur guise, ou de les soumettre à un juge de leur choix. En matière criminelle au contraire, l'intérêt social est en jeu, c'est donc à un tribunal, ayant un caractère public, social, à décider et à appliquer la peine, s'il y a lieu.

La règle d'après laquelle la juridiction ecclésiastique était incompétente en matière criminelle, a toujours subsisté intact, relativement aux laïques. Nous verrons au contraire, qu'elle a subi une dérogation importante en ce qui concerne les évêques d'abord et les clercs ensuite.

A part ces deux conditions, aucune autre n'était exigée. Toute personne sans distinction d'état, de nationalité ni de religion, pouvait se soumettre à l'arbitrage épiscopal : les mineurs de vingt-cinq ans, comme les majeurs, les pérégrins comme les citoyens, les hérétiques et les païens comme les chrétiens avaient accès à ce tribunal de faveur, devant lequel ils étaient attirés autant par la réputation d'impartialité du juge que par les autres avantages énumérés plus haut.

Il est à remarquer, de plus, que les parties pouvaient non seulement saisir l'évêque d'un différend qui n'avait jamais encore été porté en justice, mais qu'elles pouvaient le lui soumettre, alors même qu'une instance fut déjà engagée à son sujet : « *Etiamsi negotium sit apud judicem inchoatum* », lisons-nous dans la loi de 318. Et dans cette phrase, le mot « *inchoatum* » n'a pas seulement le sens de « commencé » mais d' « engagé ». D'où il suit que les parties pouvaient délaisser le juge de droit commun pour celui d'exception, non pas seulement « *in limine litis* » mais en tout état de cause, jusqu'à la prononciation de la sentence. Cela s'explique d'ailleurs assez naturellement : dans un procès quel qu'il soit, entre particuliers, le demandeur peut, quand il veut, arrêter le cours de l'instance, soit tacitement, en la laissant périmer, soit même expressément, en se désistant, pourvu, bien entendu que le défendeur n'ait pas intérêt à ce que la sentence soit prononcée. Rien n'empêchait donc les parties d'accord, de feindre un désistement et de porter leur cause devant l'évêque.

Bien plus, une fois la sentence prononcée par le juge ordinaire, l'évêque pouvait encore être saisi de l'affaire, avec le libre consentement des deux parties. En d'autres termes la juridiction épiscopale n'était pas seulement compétente en première instance ; elle était aussi une juridiction d'appel.

Il semble même que c'est à ce caractère de juridiction d'appel que s'est tout d'abord attaché Constantin, car c'est par là que débute la constitution de 318 : « *Judex, pro sua sollicitudine observare debebit, ut, si ad episcopale judicium* PROVOCETUR, *silentium accommodetur...* » C'est seulement dans la seconde phrase, que le législateur envisage l'hypothèse où une affaire est portée en première instance, devant l'évêque.

Nous ferons même remarquer que, grâce au caractère arbitral de la juridiction épiscopale, elle pouvait recevoir et juger en appel les sentences rendues par n'importe quels magistrats, si élevés qu'ils fussent en dignités, sauf bien entendu, les décisions de l'empereur, et celles du préfet du prétoire qui n'étaient pas susceptibles d'appel (1).

Grâce en effet à ce caractère arbitral, et exceptionnel, la juridiction épiscopale n'était pas comprise dans la hiérarchie des juridictions ordinaires : elle était en dehors de toutes les autres ou du moins, il n'y en avait pas de supérieure à elle, si ce n'est celle de l'empereur.

### § 4. — Effets de la sentence épiscopale.

La plupart des auteurs qui ont écrit sur la juridiction

_______________

(1) Loi unique, C. VII, 42.

ecclésiastique, paraissent l'assimiler d'une façon à peu près complète à l'arbitrage « *ex compromisso* ». Nous nous permettrons de n'admettre cette assimilation que sous le bénéfice de plusieurs importantes restrictions. Le droit romain reconnaissait deux catégories d'arbitres :

On appelait arbitres, ou juges, ou récupérateurs, les citoyens auxquels le préteur, à Rome, ou le magistrat ayant juridiction, en province, renvoyait les parties qui étaient venues lui demander la délivrance d'une formule pour engager un procès. Ils ont été les juges de droit commun, sous les deux premiers régimes de la procédure romaine, les « Actions de la loi » et la « procédure formulaire », c'est-à-dire tant que la distinction entre le « *jus* » et le « *judicium* » dont nous avons parlé plus haut a été maintenue. On les appelait arbitres parce que les parties avaient, au moins dans une certaine mesure, la faculté de les choisir et de les récuser. La liste officielle, en était dressée par le préteur, qui ne pouvait les prendre que dans l'ordre des sénateurs et dans celui des chevaliers. A part la faculté donnée aux parties de les choisir (1), ils n'avaient aucun autre caractère des arbitres, au sens que nous donnons aujourd'hui à ce mot, et leurs décisions étaient de véritables jugements. Nous avons comparé plus haut les décisions rendues par ces « *judices* » avec celles émanant des évêques, et avons en peu de mots signalé les différences.

Mais la loi romaine, comme toutes les législations, per-

_______

(1) Cela n'empêchait pas qu'ils dussent être « institués » par le magistrat, c'est-à-dire inscrits par lui en tête de la formule.

mettait aussi à des particuliers entre lesquels surgissait un différend, qu'ils se refusaient, pour une raison ou pour une autre, à soumettre à la procédure judiciaire, de faire choix d'une personne quelle qu'elle fût, et de la charger de statuer elle-même sur le litige.

Pour rendre plus efficace cette convention, les parties stipulaient mutuellement l'une contre l'autre une « *pæna* », autrement dit, une somme d'argent que la partie condamnée par l'arbitre s'engageait à payer à l'autre, dans le cas où elle ne se soumettrait pas à sa décision. Cette clause pénale constituait ce qu'on appelait le *compromis*, et l'on disait qu'il y avait alors arbitrage « *ex compromisso* ». Si l'arbitre avait accepté de juger le différend, il ne pouvait plus s'y dérober, et le préteur devait intervenir, sur la demande de l'une des parties, tant pour contraindre l'arbitre à statuer, que pour assurer l'exécution de sa sentence.

Les pouvoirs de l'arbitre étaient, en un sens, plus considérables que ceux d'un juge ordinaire : il n'avait à se préoccuper d'aucune règle du droit strict, pour rendre sa décision, qui ne pouvait pas être frappée d'appel. Mais d'autre part, sa sentence n'engendrait ni l'action *judicati*, ni l'exception *rei judicatæ*, en sorte que si la partie condamnée par lui ne voulait pas s'exécuter, l'intervention du magistrat devenait nécessaire. Que faisait alors celui-ci ? Devait-il contraindre la partie vaincue à se conformer à la décision de l'arbitre ? En aucune façon ; son rôle consistait uniquement à forcer celui qui avait succombé, à payer à l'autre la « *pæna* » stipulée dans le compromis. Le droit litigieux, au contraire, qui avait fait l'objet de l'arbitrage, n'était nullement éteint, comme il l'aurait été s'il y avait eu jugement véritable ; c'était alors aux parties, que l'arbitre n'avait pu concilier, à engager un véritable procès, à déduire leur droit en justice, pour la première fois.

Par ces quelques explications, il est facile de voir que si de réelles ressemblances existent entre les décisions des « *arbitri recepti* » et celles des évêques sous le Bas-Empire, il y a néanmoins entre elles, des différences capitales. L'évêque, comme l'arbitre, était librement choisi par les parties, et l'un pas plus que l'autre n'était obligé de conformer sa sentence aux dures prescriptions du droit civil ; l'appel enfin, du moins jusqu'à Justinien, n'était pas plus recevable contre les décisions de l'évêque que contre celles de l'arbitre.

Mais, et c'est ici que commencent les différences, aucun compromis, aucune clause pénale n'était nécessaire pour engager un débat devant l'évêque. Quand on va au fond des choses, cette première différence toute superficielle en apparence, explique très bien les autres, relatives aux effets de la sentence.

Pourquoi n'y avait-il pas de compromis préalable, dans les causes soumises à la juridiction épiscopale ? Par cette raison bien simple qu'il n'était pas nécessaire pour assurer le respect de la sentence. Les juges civils devaient en effet veiller à ce que cette sentence fût scrupuleusement exécutée. C'est ce que disent en termes plus ou moins formels les diverses constitutions qui se sont succédées sur ce su-

jet et notamment celle de 318 dont nous ne faisons, dans
cette seconde section, que développer les données un peu
laconiques. Nous y relevons en effet cette phrase... : *et pro
sanctis habeatur* (sous-entendu : *judex*), *quidquid ab his
fuerit judicatum* ». Le mot « sanctus », dans le langage
juridique a un sens précis : il signifie : consacré par la
loi, *sanctionné*, revêtu de la sanction légale. Le juge auquel un particulier présentait la copie authentique d'une
sentence rendue par un évêque, devait donc la faire exécuter au même titre que si elle émanait d'un magistrat de
droit commun, de lui-même.

Qu'est-ce à dire, sinon que la sentence épiscopale avait
la même force, produisait les mêmes effets qu'un jugement ordinaire ? Nous sommes loin, on le voit, de l'arbitrage
« *ex compromisso* » du droit classique, qui n'avait par lui-
même aucune vertu.

C'est cependant ce qu'ont semblé méconnaître certains
auteurs. L'un d'eux, M. Serrigny, le distingué professeur
de Dijon (1), est aussi formel que possible pour ramener la
juridiction des évêques sous le Bas-Empire, au rang d'un
simple arbitrage, et cela à tous les points de vue. Ce qu'il
y a de particulier dans son opinion, c'est qu'il l'appuie sur
la loi 8 au C. J., *de episcopali audientia*, qui nous paraît
être, au contraire, le texte le plus favorable aux sentences
épiscopales, en ce sens qu'il leur donne des effets aussi
énergiques qu'aux jugements ordinaires.

_______

(1) *Droit administratif romain*, I, p. 395.

Pour bien établir les bases de la controverse, nous allons citer d'abord la constitution sur laquelle s'appuie M. Serrigny et nous donnerons ensuite le passage de cet auteur que nous nous permettons de trouver inexact.

« Episcopale judicium ratum sit omnibus, qui se audiri a sacerdotibus elegerint : eamque illorum judicationi adhibendam esse reverentiam jubemus, quam vestris deferri necesse est potestatibus, a quibus non licet provocare. Per judicum quoque officia, ne sit cassa episcopalis cognitio, definitioni executio tribuatur ».

Voici maintenant comment s'exprime M. Serrigny :

« Il est manifeste, par le texte des deux constitutions transcrites (1), qu'il ne s'agit que d'une juridiction gracieuse reconnue aux évêques, *ex consensu partium... more arbitri...*, lorsque les parties les ont choisis pour juges, *omnes, qui se audiri a sacerdotibus elegerint*, que ces décisions ne sont qu'une espèce de sentence arbitrale qui a besoin d'être rendue exécutoire par les juges ordinaires, *quam vestris deferri necesse est potestatibus* ; qu'autrement elle n'aurait point de force exécutoire par elle-même, *ne sit cassa episcopalis cognitio* ; qu'enfin les évêques n'avaient aucun moyen de les faire mettre à exécution, et, par conséquent, qu'ils étaient réduits à emprunter le bras et l'autorité des appariteurs ou agents des magistrats ordinaires : *per judicum officia... definitioni executio tribuatur.* On voit, dès lors, combien est grave l'erreur de ceux qui

_______

(1) La première est la loi 7 au même titre, à laquelle sont empruntées les expressions : *ex consensu partium... more arbitri...*

ont voulu fonder sur ces lois une véritable juridiction sur les laïcs en faveur des évêques ».

Nous sommes d'accord avec l'auteur, pour reconnaître que l'évêque n'était compétent, sous le régime de la constitution de 348, que s'il avait été choisi par les plaideurs. Cela ne devrait pas l'autoriser, il est vrai, à qualifier de « juridiction gracieuse » celle qui est ainsi reconnue aux évêques. Si nous ne nous trompons, en effet, la juridiction gracieuse ne peut exister que lorsqu'il n'y a pas de contestation entre parties. C'est ainsi que dans notre droit civil, l'ordonnance d'envoi en possession prononcé par le président du tribunal, au profit d'un légataire universel muni d'un testament non authentique, est un acte de juridiction gracieuse, parce que c'est une simple formalité que remplit le légataire dont personne ne conteste le droit.

Cela dit pour relever une simple inexactitude de langage pouvant prêter à équivoque, nous sommes en droit de protester contre l'interprétation donnée par l'auteur, du membre de phrase : « *Quam vestris deferri necesse est potestatibus* », interprétation qui, si elle était admise changerait totalement l'esprit de la constitution.

Si l'on se reporte au texte entier, cité plus haut, on verra que M. Serrigny fait rapporter le pronom « *quam* » non pas à « *reverentiam* » comme le veut la grammaire, mais à « *judicationi* ». Par suite de cette erreur, au lieu de faire dire aux législateurs, ce qui est leur intention : « nous ordonnons *qu'on porte aux sentences des évêques, le même respect que l'on doit aux vôtres*, dont il n'est pas

permis d'appeler » (ils s'adressent à un préfet du prétoire),
M. Serrigny leur prête cette décision : « Nous voulons que
l'on entoure de respect les sentences épiscopales, *mais
qu'on vous les défère* pour que vous les rendiez exécutoires ». Nous sommes convaincu que ce contre-sens est dû
à une lecture précipitée et un peu inattentive du texte, mais
nous avons tenu à le relever parce qu'il entraîne l'auteur
d'un ouvrage estimé, à considérer la juridiction des évêques sous un aspect beaucoup trop mesquin.

C'est qu'en effet M. Serrigny en arrive à dire que les décisions des évêques ont « besoin d'être rendues exécutoires
par des juges ordinaires, qu'autrement elles n'auraient
point de force exécutoire par elles-mêmes ».

Voici, relativement aux sentences épiscopales, ce que
nous croyons être la véritable interprétation des constitutions impériales. Sans doute, les évêques ne disposant
d'aucun agent de la force publique, ne pouvaient pas poursuivre eux-mêmes l'exécution de leurs jugements. C'est
précisément pour cela que Constantin dans la loi de 318 et
et les empereurs Arcadius et Honorius dans celle de 408,
enjoignent, le premier à tous les juges civils en général,
les seconds, au préfet du prétoire lui-même, de tenir la
main à l'exécution des décisions des évêques. Mais ces décisions s'imposaient à eux ; en deux mots, *ils ne les rendaient pas exécutoires, ils les exécutaient.* Bien loin de dire
avec M. Serrigny, que ces décisions n'avait aucune force
exécutoire par elles-mêmes, nous prétendons que c'est en
elles-mêmes que résidait cette force exécutoire ; les ma-

gistrats au lieu de leur donner cette vertu, ne faisaient que leur apporter le secours matériel du bras séculier. Cela résulte à notre avis, d'une façon bien claire, des expressions énergiques employées par les empereurs : « ET PRO SANCTIS *habeatur quidquid ab his fuerit judicatum* » dit Constantin ; « *per judicum officia, definitioni executio tribuatur* » disent Arcadius et Honorius, que ces sentences vous soient sacrées ; que par vos soins, l'exécution leur soit assurée.

Pour donner en peu de mots la note juste sur les effets de la sentence épiscopale, relativement à son exécution, nous ne saurions mieux faire que de l'emprunter à notre éminent maître, M. Glasson (1) et de dire avec lui que « la sentence rendue par l'évêque aura, comme toute décision de justice, autorité de chose jugée, et son exécution sera assurée par les voies légales ».

§ 5. — Voies de recours.

Existait-il une voie de recours contre la sentence rendue par un évêque, sous le régime de la constitution de 318 ? Le texte ne tranche pas formellement la question, mais à notre avis la négative est virtuellement consacrée par lui. Cela nous paraît résulter des termes suivants : « et si quis... voluerit... *et illud judicium observare* ; et plus loin : *et pro sanctis habeatur...* ». Cela s'explique d'ailleurs assez facilement. Il ne pouvait pas y avoir appel contre la sentence

_________

(1) *Histoire du droit et des institutions de la France*, I, p. 565.

épiscopale et cela à cause de sa nature arbitrale. Sans doute, ainsi que nous l'avons vu dans le paragraphe précédent, la loi attachait à cette sentence, la force exécutoire et l'autorité des décisions ordinaires de justice, mais entre les parties, la juridiction de l'évêque conservait son caractère arbitral ; elles s'y étaient soumises toutes deux, volontairement et à l'avance ; pas plus que dans un arbitrage ordinaire, l'appel ne serait ici compréhensible.

Ce sentiment, qui est le nôtre, se trouve confirmé d'une façon formelle dans la constitution de 408, émanant d'Arcadius et d'Honorius, que nous avons transcrite ci-dessus. Ces empereurs mettent sur le même rang les décisions des évêques et celles du préfet du prétoire « *a quibus non licet provocare* ». Il n'était pas permis en effet d'interjeter appel d'une décision rendue par le préfet du prétoire. C'est ce que nous dit en termes précis la loi 19, C. *de appellationibus*... VII, 62 : ... « *A præfectis autem prætorio provocare non sinimus...* », nous ne permettons pas qu'on interjette appel contre une décision rendue par le préfet du prétoire. Cette constitution qui émane de Constantin, est de l'année 331 ; un siècle plus tard les empereurs Théodose et Valentinien (1) permirent non pas d'en *appeler* à l'empereur, d'une sentence rendue par ce haut dignitaire, mais de *supplier* l'empereur de réviser cette sentence. Cette distinction assez byzantine, dans les mots, ne nous paraît devoir entraîner aucune différence au fond, entre l'appel

______

(1) Cf. Loi unique, C. VII, 42.

et ce genre de supplication. C'était probablement un eu-
phémisme employé par politesse à l'égard des préfets du
prétoire dont les sentences perdaient désormais leur privilège d'irrévocabilité. Il est donc infiniment probable, sinon
certain, que les décisions des évêques eurent le même sort
que celles des préfets du prétoire. Inattaquables en principe, par la voie de l'appel, elles devinrent en fait, à dater
de 439, soumises à l'appel à l'empereur. Il eût été d'ailleurs
bien invraisemblable, que sous un régime d'absolutisme
comme celui du Bas-Empire, l'empereur n'ait pu réformer
sous un nom ou sous un autre, une sentence rendue par un
dignitaire de l'empire si élevé qu'il fût.

SECTION III. — **Modifications subies par la juridiction épiscopale depuis la Constitution de 318 jusqu'à Justinien.**

Nous venons, dans la section précédente, d'exposer le
fonctionnement des « audiences épiscopales », sous le régime de la constitution de 318. Ainsi que nous avons eu
occasion de le dire, cette loi n'avait pas créé de toutes pièces cette institution ; elle l'avait trouvée fonctionnant déjà
avec la seule sanction des peines spirituelles. Elle s'était
donc formée à lui reconnaître des effets civils, et à lui prêter le secours du bras séculier.

Une fois entrée dans la catégorie des institutions civiles,
la juridiction des évêques devait fatalement en partager le
sort, et ressentir tour à tour les contre-coups des variations

du pouvoir, animé d'intentions tantôt favorables, tantôt hostiles.

C'est l'histoire de ces variations que nous nous proposons de retracer dans cette section. Sans nous rendre esclaves de l'ordre chronologique, nous désirons cependant présenter les innovations qui se sont produites depuis la première constitution de Constantin jusqu'aux Novelles de Justinien, en respectant dans ses grandes lignes, leur succession historique.

### § 1. — Constitution de 331.

S'il y eut un jour où les traditions romaines furent interrompues, où les tribunaux de droit commun virent leur monopole singulièrement atteint, ce fut assurément celui, où Constantin décida que les évêques deviendraient compétents, dès que l'une seule des deux parties exprimerait le désir de lui soumettre le litige, malgré le refus de l'autre d'y accéder.

La juridiction épiscopale perdit, ce jour-là, son caractère arbitral, pour devenir obligatoire au premier chef. L'accord entre les parties était désormais nécessaire, non plus pour rendre l'évêque compétent, mais pour se soustraire à sa juridiction.

Le texte qui donnait à la juridiction des évêques cette extension considérable, n'a figuré ni dans le Code Théodosien, ni dans celui de Justinien. Il a été pour la première fois mis au jour par Cujas et réédité dans son appendice au Code Théodosien par le P. Sirmond, savant jésuite auquel on doit plusieurs ouvrages d'érudition.

Presque immédiatement après cette publication, le savant Jacques Godefroy, jaloux, ont dit certains, de ce que le P. Sirmond avait le premier publié des constitutions jusque-là inédites, nia l'authenticité de plusieurs d'entre elles et surtout de celle qui nous occupe. Il prétendit que cette dernière était l'œuvre d'un faussaire (*impostor*), dont le but avait été de justifier les empiètements de la juridiction ecclésiastique en France. Un certain nombre d'auteurs ont adopté les mêmes conclusions, un peu sur la foi de celui qui, le premier, les avait émises.

Sur quoi se fondent les adversaires de l'authenticité de la constitution de 331 ?

Leur grand argument est celui-ci : cette constitution né figure ni dans le code Théodosien, ni dans celui de Justinien, ni dans la partie du bréviaire d'Alaric empruntée au code Théodosien. Mais on a fait remarquer, il y a longtemps, qu'il n'y avait à cela rien d'étonnant, car on n'a inséré dans ces recueils législatifs que les lois en vigueur à l'époque où ils ont été rédigés. Or la constitution qui nous occupe était abrogée depuis 40 ans, lors de la confection du code Théodosien ; on ne pouvait donc l'y insérer.

Godefroy objectait aussi que cette constitution ne portait le nom d'aucun consul. Mais il en est de même de beaucoup de constitutions qui nous sont parvenues dans des manuscrits, dont les auteurs ne se sont pas toujours astreints à transcrire le nom des consuls sous lesquels la constitution avait été rendue.

Enfin dit Godefroy, il est bien peu probable qu'une telle constitution ait jamais été rendue, puisque tous les autres textes que nous possédons sur la même matière, sont unanimes à n'accorder aux évêques qu'une juridiction arbitrale. Qu'est-ce à dire ? Tout simplement que les empereurs ont varié là-dessus. Mais les variations du législateur, surtout lorsqu'elles ne se produisent que de 60 en 60 ans, sont-elles bien étonnantes ? Oui, peut-être à l'époque où vivait Godefroy, puisqu'il a tant de peine à les comprendre. Hélas ! si le savant génevois était de notre temps, il les trouverait assurément bien moins invraisemblables !

Telles sont les raisons qui ont porté Godefroy à taxer d'apocryphe la constitution de 331. Les courtes explications dont nous avons fait suivre chacune d'elles, amèneront, croyons-nous, le lecteur à croire avec nous qu'elles ne sont pas suffisantes.

Et cependant, jusque vers le milieu de ce siècle, l'opinion de Godefroy paraissait bien triompher. Il était si vraisemblable d'accuser quelque bon moine du XIIᵉ ou du XIIIᵉ siècle d'avoir falsifié un manuscrit, pour justifier les empiètements de la juridiction ecclésiastique ! Malheureusement l'illustre romaniste de Leipzig, Hœnel, dans son édition du *Corpus juris antejustinianei*, pour laquelle *trente-six* manuscrits différents ont été consultés, fait précéder les constitutions de Sirmond d'une savante dissertation dans laquelle il dit avoir retrouvé la constitution de 331, dans un

manuscrit du VIII⁰ siècle et dans plusieurs autres antérieurs. Dès lors l'idée de justifier les empiètements de la
juridiction ecclésiastique est bien peu concluante puisque
cette juridiction n'a fait sa première apparition en France
que vers le commencement du XII⁰ siècle.

Malgré cette découverte, M. Beauchet (2) se déclare adversaire de l'authenticité de la constitution de 331, et la
raison qui semble l'y pousser, est l'invraisemblance « de
l'extension exorbitante donnée à la juridiction épiscopale ».
Mais une invraisemblance ne suffit pas pour faire déclarer
apocryphe un texte relaté dans d'aussi vieux documents.
Au reste, cette invraisemblance existe-t-elle réellement ?
M. Beauchet prétend qu'il est impossible de justifier cette
constitution au point de vue historique. Nous nous permettons, au contraire, de trouver dans l'histoire, la justi-
fication et la preuve de l'existence de ce texte.

Dire en effet, avec M. Beauchet, que si Constantin avait
dû donner à l'Église ce privilège exorbitant, il l'aurait fait
dans la constitution de 318, c'est ne pas se rendre un compte
exact de la marche des évènements de cette époque.

Il serait contraire à la vérité historique de croire que
Constantin pouvait faire en 318 en faveur de l'Église, ce
qu'il pouvait en 331. La conversion de Constantin, elle-
même, les meilleurs auteurs sont là pour le garantir, ne
s'est pas opérée d'un seul coup. Elle a suivi une marche
progressive. L'Édit de Milan, promulgué en 313, après le

(1) Dans la *Nouvelle revue historique de droit français et étranger.* T. VII,
1883, p. 388 et s.

miracle de l'apparition de la croix lumineuse dans les airs, et l'écrasement de Maxence, ne fait pas de la religion chrétienne la religion de l'État, il permet seulement aux chrétiens le libre exercice de leur culte. Plusieurs historiens parmi lesquels Zonare et Cédrénus affirment que l'empereur ne se convertit définitivement au christianisme qu'en 323, après avoir abattu Licinius. Jusque-là « il avait été le libérateur des chrétiens » ; à dater de ce jour, « il fut leur frère en Jésus-Christ et l'enfant de l'Eglise ». L'Empereur était désormais chrétien, mais l'empire resta longtemps encore imprégné de paganisme, dans ses institutions et dans son administration. L'autel de la Victoire ne disparut définitivement de la curie Hostilia, dans laquelle le Sénat tenait ses séances, que vers 382, par ordre de Gratien qui fut également le premier empereur à refuser les honneurs du souverain Pontificat et à rayer ainsi des fastes de l'Empire, cette haute dignité païenne.

Si l'on se pénètre bien de ce développement *progressif* du christianisme sous Constantin, on trouve à la constitution de 331 une place naturelle dans l'ordre logique des évènements. D'abord c'est l'Edit de Milan, édit de tolérance et rien de plus ; puis c'est la loi de 318 qui sanctionne les décisions rendues par les évêques, lorsque l'assentiment des deux plaideurs leur a soumis un différend. C'était là une très grande faveur pour les chrétiens et difficilement, les évêques pouvaient alors demander davantage ; l'eussent-ils fait qu'ils ne l'auraient probablement pas obtenu, tant à cause de la situation personnelle de l'Empereur que

de l'état général des esprits, dans l'Empire. Dix ans plus
tard, les circonstances n'étaient plus les mêmes ; Constantin était seul maître de l'Empire et si la foi avait progressé
dans toutes les classes de la société, l'ardeur du prosély-
tisme avait aussi grandi dans l'esprit de l'empereur. De
plus, l'on s'était habitué à voir fonctionner sous l'égide de
la loi, l'arbitrage épiscopal, et l'opinion publique loin de
le redouter, le regardait avec faveur. Une objection se
pose : Pourquoi les évêques auraient-ils désiré en 331, imposer à tous, leur pouvoir de juger, puisque le chef de
l'État leur était acquis et que le christianisme était religion
d'État ? Tout simplement, parce que en 331 et pour longtemps encore, la plupart des juges et des fonctionnaires
étaient païens. Ce n'était pas en effet, dans l'espace de quelques années que l'on pouvait renouveler et christianiser
tout le personnel de ce corps si vaste et si compliqué qui
s'appelait l'administration romaine.

En résumé, ceux qui ont contesté l'authenticité de la
constitution de 331 en se fondant sur son invraisemblance
historique, ont trop jugé cette réforme avec l'esprit de leur
temps ; ils n'ont pas assez tenu compte de la grande popularité dont jouissait, sous le Bas-Empire, la juridiction
épiscopale (1).

Les quelques explications historiques, données plus

(1) Cette popularité, bien rationnelle, étant donnés les avantages matériels et moraux qu'offrait cette institution, nous est attestée par plusieurs
évêques, notamment par Saint-Augustin et Saint-Chrysostome qui se
plaignent d'être toujours occupés à trancher des différends : « *litibus di-
rimendis* ».

haut, nous permettent de dire que cette loi trouve très naturellement sa place dans la marche logique des événements. Si l'on ajoute, que toutes les raisons données par Godefroy, ont été jusqu'à la dernière, reconnues inexactes par la science moderne, ainsi que nous croyons l'avoir démontré, l'on conviendra aisément qu'il est impossible de nier sans raison plausible l'authenticité d'un texte, garantie par d'anciennes et solides autorités.

Avant d'entamer cette question fameuse de l'authenticité de la constitution de 331, nous avons en peu de mots, fait comprendre quelle était la portée de cette loi. Son texte que nous reproduisons ici, nous dispensera d'en développer longuement les dispositions. Le voici : « Religionis est, clementiam suscitari voluisse, quid de sententiis episcoporum vel ante, moderatio nostra censuerit, vel nunc, servari cupiamus. Ablavi, parens carissime. Itaque, quia a nobis instrui voluisti, olim prorogatæ legis salubri rursus imperio propagamus. Sanximus namque, sicut edicti nostri forma declarat, sententias episcoporum, quolibet genere latas, sine aliqua ætatis discretione, inviolatas semper incorruptasque servari; scilicet ut pro sanctis semper ac venerabilibus habeatur quidquid episcoporum fuerit sententiæ terminatum. Sive itaque inter minores, sive inter majores ab episcopis fuerit ordinatum judicatum, apud vos qui judiciorum summam tenetis, et apud cæteros omnes judices, ad executionem volumus pervenire. Quicumque itaque, litem habens, sive possessor sive petitor erit, inter initia litis vel decursis temporum curriculis, sive cum negotium peroratur, sive cum jam ceperit promi sententia, judicium elegit sacrosanctæ legis antistitis, illico sine aliqua dubitatione *etiamsi alia pars refragatur*, ad episcopum cum sermone litigantium dirigatur. Multa enim quæ in judicio captiosæ præscriptionis vincula promi non patiuntur, investigat et promit sacrosanctæ legis auctoritas. Omnes itaque causæ, quæ vel prætorio jure vel civili tractantur, episcoporum sententiis terminatæ, perpetuo stabilitatis jure firmentur, nec liceat ulterius retractari negotium, quod episcoporum sententia deciderit..... » La partie capitale de ce texte est donc le membre de phrase : *Etiamsi alia pars refragatur*, en tout état de cause il sera permis à l'un des plaideurs de soumettre le débat à la décision de l'évêque, *alors même que son adversaire s'y refuse.*

Ce n'est pas du reste la seule innovation de la loi. Il en est une autre très importante qui se cache sous les mots « *sine aliqua ætatis discretione* » et plus loin : « *sive itaque inter minores, sive inter majores...* ».

En d'autres termes, nous voulons, dit Constantin, que les sentences épiscopales soient inviolables et indestructibles (*inviolatas semper incorruptasque*), nous vous enjoignons de les faire exécuter (*ad executionem volumus pervenire*) sans aucune distinction d'âge entre les parties, qu'il s'agisse de majeurs ou de mineurs de vingt-cinq ans. Nous disons que c'est une innovation sur la constitution de 318 ; mais cette affirmation a besoin d'être prouvée. Nous ferons tout d'abord remarquer que la constitution de

318 ne parle pas des mineurs, pas plus pour leur refuser que pour leur accorder le droit de jouir du privilège qu'elle crée. C'est donc aux principes généraux qu'il faut nous reporter.

D'une façon générale, le mineur de vingt-cinq ans qui n'avait pas obtenu la *dispense d'âge*, ne pouvait pas plus soumettre un droit litigieux le concernant, à un arbitrage, qu'il ne pouvait ester en justice pour gérer un procès, à moins que son curateur ne lui donnât son consentement. S'il n'avait pas de curateur, il devait s'en faire donner un spécial pour l'instance.

Si le mineur avait accepté un arbitrage, s'il avait engagé ou soutenu un procès, il pouvait obtenir du préteur, contre la sentence arbitrale ou le jugement (1), la « *restitutio in integrum* », aux conditions habituelles : lésion et absence d'autres moyens de faire rescinder la décision. Au reste le consentement donné par le curateur, ne mettait pas les tiers à l'abri de la « *restitutio in integrum* » si justement appelée : le coup d'état prétorien. Sans doute, le préteur devait se montrer plus exigeant pour accorder la restitution au mineur, lorsque son curateur avait donné son « *consensus* », mais en somme il pouvait tout aussi bien la lui accorder que dans le cas contraire.

Ces principes généraux s'appliquaient bien certainement aux sentences rendues par les évêques en vertu de la constitution de 318, puisque cette loi ne consacre aucune ex-

___

(1) Toutefois la « restitution en entier » ne pouvait être accordée contre un jugement rendu en vertu du serment déféré entre parties.

ception relativement aux mineurs. La constitution de 331 n'a donc pas seulement pour but, de permettre aux mineurs de vingt-cinq ans l'accès des audiences épiscopales ; le droit commun le leur conférait suffisamment. Pour donner un sens aux termes qu'elle emploie relativement aux mineurs, il faut admettre qu'elle soustrayait les sentences épiscopales relatives aux mineurs, au danger de la restitution en entier : c'est là du reste, la traduction la plus naturelle des mots : « *inviolatas semper incorruptasque* », ou encore : « PERPETUO *stabilitatis jure firmentur* (sous-entendu : *causæ episcoporum sententiis terminatæ*) ; enfin : « *nec liceat* ULTERIUS RETRACTARI *negotium, quod episcoporum sententia deciderit* ».

## § 2. — Constitutions d'Honorius et d'Arcadius.

Elles forment les lois 7 et 8 au Code de Justinien (I, 4). Voici leur texte :

Loi 7 : « Si qui *ex consensu* apud sacæ legis antistitem *litigare voluerint*, non vetabuntur : sed experientur illius, in civili duntaxat negotio, *more arbitri*, sponte residentis judicium. Quod his obesse non poterit, nec debebit, quos ad prædicti cognitoris examen conventos, potius abfuisse, quam sponte venisse constiterit ».

Loi 8 : « Episcopale judicium ratum sit omnibus, qui se audiri a sacerdotibus *elegerint*; eamque illorum judicationi adhibendam esse reverentiam jubemus, quam vestris deferri necesse est potestatibus, a quibus non licet provocare. Per judicum quoque officia, ne sit cassa episcopalis cognitio, definitioni executio tribuatur ».

Avec ces deux lois, dont la première est de 398 et la seconde de 408, nous revenons à l'arbitrage, et si, sans discuter à nouveau la question de l'authenticité de la constitution de 331, nous voulions donner une nouvelle preuve de son existence, il nous suffirait de faire remarquer l'insistance avec laquelle, celle de 398 revient sur la nécessité du consentement volontaire des deux parties. Sans aucun doute, si elle n'avait eu pour but que de consacrer un état existant déjà, elle se serait bornée à le dire en deux mots, et ne l'aurait pas répété sous diverses formes et en termes différents, dans *chacune de ses phases*.

La constitution de 398 ne dit en effet que cela, preuve qu'elle modifie une législation antérieure, une seule incidente « *in civili duntaxat negotio* » répond à une autre idée. Nous sommes prévenus que les audiences épiscopales n'existent qu'en matière civile ; en matière criminelle les juges de droit commun seuls, doivent être compétents ; la constitution de 318 nous l'avait déjà dit implicitement.

La constitution de 408 a un autre but ; le législateur y rappelle en passant le caractère arbitral des sentences épiscopales, rétabli par la loi de 398, mais il insiste surtout sur leur caractère de sentences rendues en dernier ressort. En les assimilant aux décisions du préfet du Prétoire, il les met à l'abri de toute voie de recours ; nous l'avons du reste, fait remarquer plus haut.

### § 3. — Jean le Tyran et Valentinien III.

Un secrétaire d'Honorius, Joannes, usurpa l'empire à la mort de son maître. Dans le but probable de se gagner l'appui de tous ceux qui étaient restés païens, il prit plusieurs mesures contraires à la religion chrétienne. Par l'une d'elles, il remettait la connaissance de toutes les affaires intéressant les clercs, aux juges séculiers, et cela, même en matière ecclésiastique.

C'était la première fois que l'on distinguait les clercs des autres justiciables. Jusque-là ils avaient eu les mêmes droits que les autres citoyens, mais sans avoir de privilèges. En d'autres termes le privilège clérical n'était pas encore né.

Toutefois avant l'époque où Jean dictait les lois à l'Empire d'Occident (423-425), le troisième concile de Carthage, tenu en 397, avait défendu aux clercs de porter une cause quelle qu'elle fût, civile ou criminelle, devant un tribunal autre que celui de l'Evêque ; voici en quels termes : « Si un évêque, un prêtre ou un clerc, poursuit une cause devant les tribunaux publics, bien qu'il l'ait gagnée, si c'est en matière criminelle qu'il soit déposé ; si c'est en matière civile, qu'il perde le profit du jugement, s'il ne veut être déposé, car, ayant toute liberté de choisir ses juges, il a fait mépris de l'Eglise, en recourant aux tribunaux séculiers ».

Cette décision canonique avait eu naturellement pour

résultat de faire juger par les évêques toutes les causes intéressant d'autres évêques ou des ecclésiastiques d'ordre inférieur. C'est ce pouvoir juridictionnel des évêques, que nulle constitution impériale n'avait encore sanctionné, mais que la discipline ecclésiastique avait suffi à généraliser, que Jean le Tyran voulut supprimer. Comme il arrive souvent, lorsque le législateur fait œuvre de parti, il dépassa toute mesure, en obligeant les ecclésiastiques à porter devant les juges civils, même leurs discussions de discipline intérieure et d'ordre spirituel.

Valentinien III, après avoir assiégié dans Ravenne et complètement défait l'usurpateur qui devait payer son crime de sa vie, Valentinien III s'empressa de révoquer tous ses actes législatifs. « Nous rétablissons, dit-il dans son édit de 425, tous les privilèges ecclésiastiques qui avaient porté ombrage au tyran. Par suite, rentrent en vigueur toutes les constitutions impériales relatives aux *causes ecclésiastiques*. Ainsi celles qui intéressent les clercs, renvoyées par ce néfaste usurpateur *(infaustus præsumptor)* devant les juges séculiers, seront réservées à la connaissance des évêques. Il n'est pas juste en effet que les ministres sacrés soient soumis au jugement des autorités temporelles ».

Les termes vagues et généraux dans lesquels est conçu cet édit, ont permis de croire que l'on revenait à la constitution de 331, du moins en ce qui concernait les clercs. En effet, en prétendait que Valentinien III et Théodose avaient réservé à la connaissance des évêques toutes les

causes intéressant les clercs, sans distinguer entre celles
d'ordre civil et celles de discipline ecclésiastique.

Il faut reconnaître cependant, que dans la première partie de l'édit, les empereurs avaient suffisamment spécifié
qu'ils parlaient seulement des *causes ecclésiastiques*.

Quoiqu'il en soit, Valentinien trancha la controverse en
452, en décidant que les évêques ne seraient compétents
en matière civile, soit entre laïques, soit entre clercs, qu'à
titre d'arbitres volontaires et moyennant un compromis
formel confirmé par serment (1). Ce serment n'était pas
du reste une condition spécialement imposée à l'arbitrage
épiscopal. C'était, *à cette époque*, le droit commun en
matière d'arbitrage. Tandis qu'autrefois il suffisait pour se
soumettre à un arbitrage de stipuler entre parties une
« *pœna* » qui constituait la seule sanction de la sentence
si la partie condamnée refusait de s'exécuter, on exigea
plus tard que ce compromis fût confirmé par un serment.
Justinien en 539, par sa Novelle 82, défendit l'usage du
serment dans les arbitrages, « *ne ex hoc in perjurium invi-
tum incidant homines, propter judicum ignorantiam, per-
jerare compulsi* », de peur que par suite de l'ignorance
des juges, les parties ne tombent malgré elles dans le par-
jure.

Mais bien avant cette époque, les arbitrages épiscopaux
avaient été affranchis de la nécessité du serment, et aussi
du compromis. L'*interpretatio* de la novelle de Valentinien III de 452, qui soumettait l'arbitrage épiscopal à cette

(1) Novelle 34 de Valentinien III, pr. et § 2.

double nécessité, nous dit qu'une novelle de Majorien l'en dispensa. Certains auteurs, notamment Iunck, ont prétendu que l'auteur de l' « interpretatio » avait voulu parler d'une novelle de Marcien, car nous n'en connaissons pas de Majorien sur ce sujet ; mais Hœnel, dans son édition des constitutions impériales antérieures à Justinien, maintient le nom de Majorien, en disant que c'est de sa novelle XI qu'il s'agit, novelle que les Visigoths ont tronquée en l'insérant dans leur recueil législatif. Nous n'en avons que des fragments.

Pour achever l'exposé de la juridiction épiscopale, en matière civile, avant Justinien, il nous reste à signaler la constitution de Léon et Anthémius de 469 qui forme la loi 34 au Code de Justinien au titre *de episcopis et clericis*. On a cru voir en elle le commencement du privilège clérical. Il n'en est rien. Les empereurs, loin d'obliger les laïques à poursuivre les ecclésiastiques devant leur évêque, ordonnent seulement de les poursuivre devant le préfet du prétoire, si l'on se trouve à Rome ou à Constantinople, et devant les recteurs ou présidents de provinces, si l'on se trouve en province (1). Ce n'est absolument que la consécration du principe général : « *actor sequitur forum rei* ».

Mais si l'on poursuit la lecture de cette longue constitution, on trouve dans ses paragraphes 2 et 3 une faveur qui paraît avoir échappé aux historiens de la juridiction épiscopale. Si un ecclésiastique, de quelque rang qu'il soit,

_______

(1) Loi 34, principium et § 1.

est poursuivi, en matière civile ou ecclésiastique, les empereurs distinguent deux hypothèses :

Si la poursuite a lieu en province, l'ecclésiastique poursuivi ne sera tenu de donner pour fidéjusseur que le *défenseur* ou *économe* (1) de l'église à laquelle il appartient. Le fidéjusseur auquel il est fait ici, allusion, est celui qui pouvait être exigé par le demandeur, soit pour garantir la présence du défendeur au procès (*cautio in judicio sistendi causa*), soit pour assurer que l'objet litigieux ne sera pas dégradé pendant l'instance et sera remis en bon état au demandeur, s'il triomphe (*cautio judicatum solvi*).

Si au contraire l'ecclésiastique poursuivi, se trouve à Rome ou à Constantinople, venant de n'importe quelle province, il ne peut être tenu de fournir ces différentes cautions : « *nulla prœbendi fidejussores molestentur injuria* » mais il donnera en échange des assurances équivalentes : « *sed aut vicariis fidejussionibus contradantur, quas tamen stipulationum solemnis cautela vallaverit, aut cautioni et professioni propriœ, aut facultatum suarum obligationibus committantur* ».

(1) Dignité dans la hiérarchie ecclésiastique sous le Bas-Empire.

# CHAPITRE II



La sanction légale donnée par Constantin aux sentences épiscopales, ne s'appliquait, nous l'avons vu, qu'en matière civile. La question se pose, de savoir si depuis la constitution de 318 jusqu'aux novelles de Justinien, aucune loi n'a attribué aux évêques une compétence quelconque en matière criminelle.

Nous croyons qu'il est nécessaire de distinguer trois catégories de personnes : les évêques, les autres ecclésiastiques, et les laïques. Bien des confusions auraient été évitées, si cette distinction avait été faite par certains auteurs, notamment par Godefroy au XVIᵉ siècle et par M. Beauchet de nos jours.

### § 1. — Évêques.

Constans et Constantius, fils de Constantin firent droit, les premiers, aux réclamations de nombreux évêques, en interdisant (1) de poursuivre l'un d'eux devant les tribunaux laïques, pour éviter, disent-ils, que « l'on n'escompte l'impunité, pour accabler un évêque d'accusations furieuses. Par suite, si quelqu'un veut accuser un évêque, il doit

(1) Loi 12, C. th. XVI, 2.

le faire *devant le synode provincial* ». L'évêque n'est ainsi
justiciable que de ses pairs.

Ce privilège, spécial aux évêques, est, selon nous, resté
toujours en vigueur. M. Beauchet (1) voit au contraire son
abrogation dans la loi 23 au même titre : *de episcopis…* au
Code Théodosien, émanée des empereurs Valens, Gratien
et Valentinien II, en 376 : « On observera, disent les princes, dans les affaires ecclésiastiques, le même usage que
dans les procès civils : les contestations et les délits légers
seront jugés par les synodes provinciaux. *Mais lorsqu'il y
aura action criminelle, les tribunaux de droit commun seront seuls compétents* ».

A notre avis, ce texte ne déroge en rien au précédent.
C'est une loi générale qui a eu surtout en vue des infractions commises par des laïques et relatives à la religion.
Mais s'il est vrai de dire que « *specialia generalibus dero-
gant* », à l'inverse, il n'est pas possible d'admettre qu'un
texte aussi vague que la loi 23, en abroge un autre aussi
précis que la loi 12 qui accorde une faveur spéciale aux
évêques. Du reste, si l'on admettait l'interprétation de
M. Beauchet, il y aurait dans un même titre du Code Théodosien, à côté l'une de l'autre, deux lois absolument contradictoires, la loi 12 et la loi 23, et nous verrons bientôt que
le même auteur considérant à juste titre, cette présence
de deux lois contradictoires dans le même recueil, comme

(1) *Nouvelle revue historique de droit français et étranger*, 1883, VII,
p. 418.

impossible, se sert de cet argument, pour interpréter à sa manière une autre constitution.

## § 2. — Clercs.

Le privilège accordé aux évêques en 355, par les fils de Constantin, de n'être jugés que par d'autres évêques, fut étendu à tous les autres ecclésiastiques de quelque rang qu'ils fussent, par Théodose le Jeune, en 412 (1). Aux termes de sa constitution, il est interdit de poursuivre les clercs devant un autre tribunal que celui de l'évêque : *Clericos non nisi apud episcopos accusari convenit.* Igitur si episcopus vel presbyter, diaconus et quicumque inferioris loci christianæ legis minister apud episcopum, *siquidem alibi non oportet*, a qualibet persona fuerint accurati... »

Il est difficile d'être plus catégorique. Théodose rend les clercs exclusivement justiciables de leurs évêques et cela sans distinguer entre les personnes qui accusent, ni entre les infractions imputées. Les termes précis de la loi ne laissent aucun doute à cet égard : sa portée est absolue, générale.

Et toutefois, le savant Godefroy ne peut se résoudre à accepter cette interprétation qu'il trouve exorbitante et voici l'explication qu'il en donne (2) : Théodose a seulement voulu consacrer la constitution de ses prédécesseurs : Valens, Gratien et Valentinien II (376) que nous avons citée

(1) Loi 41 au Code Théodosien, XVI, 2.
(2) M. Beauchet s'est rallié à son opinion.

au paragraphe précédent. Il avait uniquement en vue les délits légers relatifs à la religion et c'est pour ceux-là seuls qu'il rend la juridiction épiscopale compétente.

Mais comment concilier cette explication avec les termes si clairs et si absolus de la constitution de 412 ? Godefroy l'appuie sur cette incidente : *siquidem alibi non oportet*, par laquelle le législateur se réfèrerait, d'après lui, à l'état antérieur de la législation. Cette interprétation nous paraît légèrement forcée. A tout lecteur impartial de la constitution, il apparaîtra clairement que les termes « *siquidem alibi non oportet* » sont au contraire la réitération de l'ordre donné par l'empereur, au début de la loi, de ne poursuivre les clercs que devant la juridiction épiscopale.

On oppose du reste à l'interprétation que nous avons donnée de la constitution de Théodose, la novelle 34 de Valentinien III, dont nous avons parlé plus haut, et l'on cite ces termes : « *Quoniam constat episcopos et presbyteros forum legibus non habere, nec de aliis causis secundum arcadii et Honorii divalia constituta, quæ Theodosianum corpus ostendit*, PRÆTER RELIGIONEM POSSE COGNOSCERE ».

Il faut avouer que si l'on était en droit d'opposer cette novelle à la constitution de 412, il ne resterait plus rien de cette dernière, pas même la compétence pour les délits légers, que Godefroy lui-même reconnaît aux évêques. Mais la vérité n'est pas là. Cette novelle de Valentinien est exclusivement relative aux *causes civiles* (1) entre clercs.

_________

(1) Nous nous permettons en cela, de différer de sentiment avec notre

Qu'on se rappelle en effet, dans quelles circonstances elle avait été rendue : Valentinien s'était uniquement proposé de trancher la controverse qui s'était élevée au sujet de son édit de 425, dans lequel on avait cru voir l'attribution à la juridiction épiscopale des causes intéressant les clercs, et cela même en *matière civile*. En 452, le prince vient affirmer, par la novelle 34, qu'il avait eu seulement l'intention de rendre aux évêques la connaissance des affaires ecclésiastiques, c'est-à-dire, relatives à la religion, que Jean le Tyran leur avait enlevées. Nous trouvons du reste dans cette novelle, des expressions qui limitent sa portée aux affaires civiles : « *Si cum inter clericos* JURGIUM *vertitur* », s'il s'élève un *procès* entre clercs, il faudra l'accord des parties pour le soumettre à l'évêque. Mais le mot « *jurgium* » n'a jamais signifié dans la langue juridique, accusation, poursuite criminelle.

M. Beauchet ajoute, il est vrai, qu'une autre loi du Code Théodosien (1), dont il a été plusieurs fois parlé, interdisait aux évêques, d'une façon générale, de connaître des affaires qui ne concernaient pas la religion, en dehors, bien entendu, du cas où les deux parties seraient d'accord pour les lui soumettre. Comment expliquer, dit cet auteur, la présence de deux lois contradictoires dans le même recueil ?

La vérité c'est que l'antinomie que voit M. Beauchet en-

savant maître, M. Glasson, qui croit la novelle 34 relative aux causes des laïques et non à celles des clercs. *Histoire du droit et des institutions de la France*, I, p. 568.

(1) Loi 1, XXI, 2.

tre la loi 41 du titre II et la loi 1 du titre XI, n'existe pas,
à notre avis. Cette dernière énonce un principe général :
« Quoties *de religione agitur*, episcopos convenit agitare ;
*cæteras vero causas* quœ ad ordinarios cognitores vel ad
usum publici juris pertinent, *legibus oportet audiri* », et
c'est à cette règle que *treize ans plus tard*, Théodose est
venu apporter une exception en ce qui concerne les clercs.
C'est ici, le cas de répéter que l'exception confirmait la règle.

§ 3. — Laïques.

C'est surtout relativement à eux que la règle de la constitution de 399 (loi 1,  XVI, 11) que nous venons de citer,
conserva tout son empire, jusqu'à Justinien. Aucune loi
n'a en effet imposé aux laïques la juridiction épiscopale,
en matière criminelle. La société ne pouvait pas remettre
le soin de la défendre et de la venger, à un tribunal qui ne
prononçait que des peines spirituelles. Jusqu'au XVIe siècle, il n'y eut, en effet, aucune prison ecclésiastique.

Toutefois lorsqu'il s'agissait de délits *légers, relatifs à
la religion*, c'était devant le tribunal épiscopal qu'on devait en poursuivre la punition. C'est la loi 23 dont nous
avons parlé au paragraphe 1er de ce second chapitre, qui
nous autorise à le dire : « ..... *si quæ sunt cx quibusdam
dissensionibus, levibusque delictis, ad religionis observan-
tiam pertinentia, locis suis et a suæ diæceseos synodis au-
diantur* ». En dehors de cette exception bien naturelle,
tous les textes que nous possédons sur cette matière, sont

unanimes à repousser toute compétence forcée des évêques, sur les laïques. C'est à eux que s'adressent les dispositions générales des lois que nous avons citées et que certains auteurs ont eu le tort de vouloir appliquer, même
aux clercs, même aux évêques.

## II

### INNOVATIONS DE JUSTINIEN

———

Depuis l'édit de Milan et la constitution de 318, jusqu'à
Justinien, l'histoire de la juridiction épiscopale est une
suite de tâtonnements. Les lois qui la concernent sont souvent indécises, sujettes à controverse, et se contredisent
parfois en restreignant ou en étendant son domaine outre
mesure, ce qui lui fait perdre son véritable caractère.

Toutefois on peut discerner dans ces vicissitudes, son
influence grandissante en même temps qu'une tendance à
se transformer en privilège clérical. C'est dans la législation
de Justinien que cette juridiction devait recevoir sa consécration et son caractère définitifs. A cette époque, l'Eglise
ne cherche plus à l'étendre sur les chrétiens laïques. Tout
l'empire est chrétien, les juges comme les justiciables et
la constitution de 331 qui se justifie très bien historique-
ment, à son heure, serait maintenant une véritable ano-
malie.

C'est donc au clergé seulement que doivent être réservées les audiences épiscopales. Une raison bien naturelle
de sollicitude pour la dignité sacerdotale pousse les évêques à vouloir connaître seuls, les affaires intéressant les
membres de leur clergé. Ainsi restreinte dans son objet,

leur juridiction perd également son caractère arbitral pour devenir une véritable juridiction contentieuse. L'accord entre les parties conservait sa vertu et son utilité lorsqu'il s'agissait d'un procès entre laïques : il ne fut jamais interdit à ceux-ci, en effet, de recourir à l'arbitrage épiscopal. Mais il suffisait que le défendeur au procès fût un clerc, pour que l'arbitrage se changeât en compétence obligatoire. .

Justinien avait déjà ratifié en 530 (1) les dispositions de ses prédécesseurs sur cette importante matière. Neuf ans plus tard, les novelles 79 et 83 introduisirent dans les lois romaines et d'une façon définitive, ce que l'on a appelé le privilège clérical : la première est relative aux religieux et religieuses, la deuxième au clergé séculier. Enfin la novelle 123 rendue en 546, qui est un véritable code ecclésiastique, présente les innovations de Justinien d'une façon plus méthodique, plus claire et plus complète. C'est aussi sur ce texte que nous concentrerons les courtes explications qu'il nous reste à donner sur la juridiction épiscopale.

Dans le 8ᵉ chapitre de cette novelle 123, Justinien renouvelle la prohibition des fils de Constantin de ne jamais poursuivre un évêque devant un tribunal civil ou militaire, sous des peines très graves. Mais c'est surtout dans le chapitre 21, qu'il est traité de la juridiction épiscopale.

(1) Loi 29, C., I, 4, *De episcopali audientia*.

### § I. — Innovations communes aux affaires civiles et criminelles.

La première et la plus importante c'est l'introduction d'uue voie de recours contre les sentences épiscopales.

Nous avons suffisamment indiqué ci-dessus (1), comment les principes juridiques s'opposaient à ce que les sentences épiscopales fussent soumises à n'importe quelle voie de recours, en dehors de la décision de l'empereur, et cela, en raison de leur caractère arbitral. Aujourd'hui elles ont perdu ce caractère ; la logique exige donc que l'on puisse en appeler, mais voici dans quelles conditions spéciales.

Et d'abord *le délai* pour se pourvoir contre la décision d'un évêque est de *dix jours*. Passé ce délai, elle devient inattaquable.

Chose curieuse, l'appel doit être porté non pas devant un juge supérieur, mais tout simplement devant le magistrat de la même ville que l'évêque. Si le magistrat juge conformément à l'évêque, la décision de celui-ci est irrévocable ; si au contraire, les deux sentences ne sont pas conformes, l'évêque ou la partie peut en appeler aux magistrats supérieurs, et *l'on suit alors les voies ordinaires de l'appel.* Lorsque l'affaire est portée du tribunal de l'évêque à celui du juge civil, il n'y a donc pas véritablement appel, car le juge civil n'a pas une juridiction supérieure à celle de l'évêque (2), et celui-ci a le droit de protester

(1) P. 32.

(2) Nous verrons bientôt que ce serait plutôt le contraire.

contre le jugement rendu par celui-là. C'est plutôt une garantie donnée à la partie qui a succombé : on veut lui montrer que le pouvoir civil aurait jugé comme le pouvoir ecclésiastique.

L'appel présente une particularité de plus, lorsque l'évêque a connu d'une affaire en vertu d'un ordre exprès de
l'Empereur ou d'une délégation d'un magistrat : l'appel
doit être porté directement, dans le premier cas, à l'empereur, dans le second, au magistrat qui avait donné la
délégation.

La seconde modification apportée par Justinien est la
suivante : Si l'évêque saisi d'une affaire civile ou criminelle tarde trop à la juger, le demandeur peut saisir immédiatement le juge laïque. Toutefois si l'on se trouve en
matière civile, le défendeur ne peut pas être forcé à fournir un fidéjusseur, mais seulement à promettre une caution, sans serment, avec hypothèque générale sur ses biens.
En matière criminelle, l'accusé serait soumis à la caution
légale.

### § 2. — Innovations particulières aux affaires criminelles.

Ici aussi, les perfectionnements de la législation sont remarquables. Les domaines spirituel et temporel sont parfaitement délimités.

Celui qui porte contre un ecclésiastique une accusation
criminelle, a le droit de choisir entre le tribunal épiscopal
et celui du magistrat.

S'il porte son action devant l'évêque, et si celui-ci reconnaît la culpabilité du clerc, il doit le dégrader de ses dignités, conformément aux règles canoniques, *puis le livrer au magistrat civil* qui lui fera l'application des lois ordinaires communes à tous les citoyens.

Si l'accusation a été portée, tout d'abord devant le magistrat, ce dernier peut et doit examiner si elle est fondée.

S'il la reconnaît telle, il doit immédiatement communiquer à l'évêque ce que nous appellerions aujourd'hui, les actes de procédure, le dossier. Si l'évêque reçoit, lui aussi, la preuve du bien fondé de l'accusation, il procédera comme plus haut à la dégradation de l'ecclésiastique, qui sera remis à la disposition du magistrat pour être puni conformément au droit commun. Mais s'il croit ce dernier innocent, il peut refuser de le dégrader. L'accusé reste alors en liberté sous caution et l'affaire est portée directement à l'Empereur, qui décide souverainement.

En matière criminelle, le privilège clérical consistait donc, sous Justinien, non pas comme on pourrait le croire, à n'être puni que par l'évêque, mais seulement à ne pouvoir être châtié par l'autorité civile qu'après une reconnaissance de culpabilité émanant de l'évêque, celui-ci condamnait uniquement aux peines ecclésiastiques, aux peines spirituelles. On pourrait donc trouver à ce privilège, une certaine analogie avec celui dont jouissaient nos fonctionnaires, en France, jusqu'à la fin du second Empire, en vertu du fameux article 75 de la constitution de l'an VIII.

# DEUXIÈME PARTIE

## DES ÉVÊQUES DÉFENSEURS DES CITÉS

L'Administration d'un État peut difficilement atteindre la perfection, mais il est permis de croire que celle de l'Empire romain en était passablement éloignée. L'histoire nous a conservé de tristes souvenirs sur la tyrannie de ces proconsuls, sur la rapacité et les vexations de ces agents du fisc, enfin sur le caractère dur et souvent haineux de tous ces fonctionnaires qui ne voyaient trop souvent dans les charges publiques, que le moyen de réaliser rapidement une grosse fortune.

L'idée de créer une sorte de magistrature indépendante, élue par ceux qu'elle devait protéger, mit de longs siècles à germer; il est même probable qu'elle ne fut réalisée que grâce à l'influence chrétienne. Les premières constitutions qui organisent le « défensorat » ne datent en effet que du milieu du IV<sup>e</sup> siècle, c'est-à-dire trente ou quarante ans après l'Édit de Milan.

Ce fut sous les empereurs Valens et Valentinien, que cette institution tutélaire prit naissance. Le défenseur de la cité reçut la belle mission de protéger les petits, les faibles contre l'insolence des fonctionnaires et l'arrogance des magistrats (*officialium insolentiæ et judicum procacitati*) ; il devait les protéger comme ses enfants (*liberorum loco tueri debes*) se montrer en un mot le père du peuple (*in primis parentis vicem plebi exhibeas*).

Il joignait du reste à cette fonction générale, certains droits de police et quelques attributions judiciaires.

L'indépendance des évêques vis-à-vis des fonctionnaires de tout ordre, leur grande autorité morale sur le peuple, devaient les désigner tout naturellement comme les défenseurs des intérêts populaires. Nous verrons bientôt, dans quelles conditions et à quel titre, les évêques furent, selon nous, défenseurs des cités.

Mais nous devons donner tout d'abord certaines explications sur cette institution, toute à l'honneur des empereurs chrétiens, et sur ceux qui étaient investis de ces fonctions.

1° *Nomination des défenseurs.*

La première constitution que nous possédions sur cette matière (1), rendue en 364, n'est pas très explicite. Elle paraît bien, cependant, avoir créé le défensorat. Les empereurs ne se réfèrent pas, en effet, à une institution déjà existante; ils n'emploient même pas le mot « *defensores* » et n'ont en vue que la province de l'Illyrie. « Admodum utiliter *edimus*, ut plebs omnis Illyrici, officiis patronum, contra protentium defendatur injurias... » C'était probablement un essai que l'on tentait, car les empereurs demandent

_______________

(1) Loi 1, C. Th., *de defensoribus civitatum*, I, 29.

qu'on leur fasse connaître les citoyens qui seront appelés à
ces fonctions et les villes qui les auront élus. Le mode
d'élection est loin d'être expliqué ; les empereurs s'en re-
mettent au Préfet du Prétoire du soin de le déterminer
« *tua sinceritas ad hoc eligere curet officium* ».

Honorius et Théodose, dans leur constitution de 409 (1),
désignent au contraire clairement quels doivent être les
électeurs des défenseurs : les évêques, les clercs, les notables, les propriétaires et les membres de la curie. Pouvaient
être appelés à ces fonctions tous les citoyens pourvu qu'ils
n'appartinssent ni à la curie, ni à une secte hérétique, ni
à une religion autre que le christianisme.

2° *Attributions.* — Nous avons déjà fait connaître la prin-
cipale : protéger les citoyens (*rusticos, urbanosque*) contre
la tyrannie des fonctionnaires. Les constitutions *antérieu-*
*res à Justinien* ne nous montrent pas, quoiqu'on en ait dit,
une sanction énergique permettant aux défenseurs de faire
respecter leurs prérogatives. Auraient-ils, par exemple, le
droit de porter plainte directement à l'empereur ? C'est fort
douteux, et dans tous les cas, aucun texte ne nous l'apprend. Ils devaient avoir cependant accès auprès du gou-
verneur de la province, mais comme on l'a très bien dit,
l'institution des défenseurs était très mal vue des fonctionnaires de tout rang, contre lesquelles son existence seule
était une accusation ou du moins, un soupçon. Tous, n'eurent naturellement qu'un but à son égard : la rendre
complètement inoffensive, et en rabaisser le prestige.

(1) Loi 8, C. J., I, 55.

Aussi à l'avènement de Justinien les défenseurs des cités étaient un objet de pitié pour tout le monde. Loin de protester contre les abus de pouvoir des magistrats, et des autres fonctionnaires, ils s'évertuaient à observer leurs moindres désirs, car ils étaient à leur merci et pouvaient être révoqués par eux (1). Ainsi dégradées, ces fonctions n'étaient acceptées par aucune notabilité. Les personnes considérables par leur situation ou leur fortune, les déclinaient, si elles y étaient appelées, et si elles les acceptaient, c'était seulement pour en avoir le titre, car elles prenaient des remplaçants pour les exercer (*vicarii*). Justinien eut le noble désir de restaurer cette institution cause de tant d'espérances déçues. Dans sa novelle **XV**, il interdit aux défenseurs élus, de refuser ces fonctions, ou de choisir un « *vicarius* » pour les remplacer. Ils devaient être choisis sur une liste permanente (*circulus*) des notables de la ville et prêter serment *au jour* de leur nomination. Ils pouvaient être révoqués par le préfet du prétoire seul ; la durée de leurs fonctions fut réduite de cinq à deux ans. Ils pouvaient porter leurs plaintes devant les gouverneurs de province, et si ces derniers n'y faisaient pas droit, devant le préfet du prétoire lui-même. Enfin leurs fonctions étaient légèrement rétribuées, et ils eurent à leur disposition un secrétaire (*exceptor*) et deux agents de la force publique (*officiales*).

A côté de cette attribution générale des « *defensores* » de protéger les citoyens des villes et des campagnes contre

_______________

(1) Novelle XV, prologue.

les abus de pouvoir des fonctionnaires, les empereurs leur donnèrent une certaine juridiction, qui rappelle assez celle de nos juges de paix actuels, et quelques droits de police.

En matière civile, ils étaient compétents lorsque l'intérêt pécuniaire ne dépassait pas cinquante *solides* ; Justinien l'éleva jusqu'à 300 *aurei*. En matière criminelle, ils pouvaient juger et punir les auteurs des délits *légers*.

Ils devaient arrêter les auteurs de délits plus graves et les mettre à la disposition des magistrats ; vérifier les poids et mesures ; procéder à l'*insinuation*, c'est-à-dire à l'enregistrement de tous les actes soumis à cette formalité, tels que les testaments et les donations ; concourir enfin à la nomination des tuteurs et des curateurs.

Voilà, en quelques mots, ce qu'étaient les défenseurs des cités. En somme l'on peut dire qu'ils furent, même après Justinien, inférieurs à leur grande mission. La lutte qu'ils devaient soutenir contre l'administration toute entière, n'était pas égale, du moins lorsque leurs fonctions étaient dévolues à de simples citoyens.

Nous n'en dirons pas autant pour le cas où les évêques remplissaient eux-mêmes le rôle de défenseurs. Ici, il y avait vraiment une puissance contre une autre puissance : l'épiscopat contre l'administration. L'intervention d'un évêque contre les injustices administratives, devait être autrement efficace que celle d'un simple citoyen et cela pour trois motifs : d'abord il était le chef de la puissance spirituelle de son diocèse, revêtu à ce titre, d'une grande autorité morale. En second lieu, l'épiscopat formait un corps puissamment organisé, dont les membres se soutenaient mutuellement. Enfin un évêque pouvait s'adresser directement à l'empereur, et sa requête était en général reçue avec bienveillance et considération. Mais une question, que nous croyons toute nouvelle, s'est présentée à nous, au cours des recherches que nous avons faites sur cette intéressante matière. La plupart des auteurs (nous pourrions dire tous), qui ont écrit sur les défenseurs des cités, n'hésitent pas à dire que c'étaient presque toujours les évêques qui étaient désignés par le peuple pour remplir ces fonctions (1). Est-ce bien exact ? Nous nous permettons de croire au contraire, que les fonctions ÉLECTIVES de « *défenseurs des cités* », *que Valens et Valentinien ont créées, que Justinien a restaurées*, ne furent que très exceptionnellement remplies par les évêques. Et voici nos raisons :

D'abord aucun des textes que nous possédons sur ce sujet, ne parle d'un évêque nommé défenseur par le peuple. Aucun ne fait même allusion à cette coïncidence, d'un évêque remplissant les fonctions de défenseur. Bien plus, nous voyons quelques-uns d'entre eux parler à la fois du défenseur de la cité et de l'évêque, assignant à celui-ci, un rôle distinct du premier (2). Aucune constitution, relative

---

(1) V. notamment : Savigny, *Droit rom. au moyen-âge*, p. 71, — Serrigny, *Droit adm. rom.*, p. 220. — Glasson, *loc. supra cit.* — Beauchet, *loc. supra cit.*, etc.

(2) V. notamment : § 5 aux Inst. *de Atiliano tutore.* Loi 22, C. I, 4. — Loi 8, C. I, 55. — Nov. 86, cap. VII, etc.

au rôle des « *defensores* » n'est adressée à un évêque. Toutes sont adressées, soit à de simples citoyens, défenseurs, (*Senecæ, Theodoro*), soit au Sénat, soit à des préfets du prétoire.

Mais voici notre plus puissant motif : si, comme on le prétend, les évêques avaient exercé, dans la généralité des cas, les fonctions de défenseurs des cités, la novelle XV rendue par Justinien en 535, sur cette matière, serait inexplicable. Comment en effet, admettre que le défensorat fût tombé si bas, objet de mépris pour tout le monde, si les évêques en avaient été les titulaires ? L'épiscopat voyait sa puissance et son prestige croître tous les jours. Sous Justinien, il était aussi fortement organisé si ce n'est davantage, que sous les empereurs Valens et Valentinien. Comment donc concilier cette situation prépondérante de l'épiscopat dans l'empire romain, avec les termes employés par la novelle XV ? « Maintenant, dit l'empereur, les défenseurs sont tellement bafoués et méprisés, que leur situation paraît être une honte plutôt qu'une dignité. Aussi ce sont des *hommes de basse extraction* qui sont défenseurs, des hommes qui, n'*ayant pas de moyens d'existence suffisants,* briguent la place de défenseurs et deviennent *les jouets des magistrats.* Ceux-ci ne tiennent aucun compte de leurs actes, leur donnent des remplaçants ou les révoquent à leur gré ». Nous pourrions citer tout cet exposé des motifs de la loi ; il est sur le même ton.

Eh bien ! nous croyons que ce n'était pas dans ces termes que l'on devait parler de l'épiscopat, au VIe siècle. Notre conclusion est donc celle-ci : les évêques du Bas-Empire restèrent à peu près complètement étrangers à l'institution des « défenseurs des cités » *proprement dite*.

Est-ce à dire qu'ils ne jouèrent aucun rôle dans les affaires des cités dont ils étaient les chefs spirituels ? Loin de là. Notre sentiment est au contraire, qu'ils en jouèrent un très considérable, qu'ils furent, *en fait, les véritables défenseurs des cités, mais cela, en vertu d'attributions qui leur étaient propres, qu'ils possédaient comme évêques.*

Il suffit en effet d'ouvrir les constitutions impériales, pour constater le nombre et l'importance des attributions spéciales accordées aux évêques. Ces attributions protectrices au premier chef, pour les faibles, pour la morale publique, pour la bonne administration de la justice et des deniers publics, nous montrent la place prépondérante que tenaient les évêques vis-à-vis des fonctionnaires de tous les degrés, dont ils contrôlaient les actes et signalaient les négligences à l'empereur. Nous sommes ainsi amenés à parler de ces fonctions particulières des évêques. Nous les rattachons sans hésiter à la matière des « *defensores civitatum* », puisqu'ainsi que nous l'avons dit, elles rentrent si bien dans la mission que les défenseurs furent impuissants à remplir.

Malgré la grande diversité de ces attributions, nous croyons pouvoir les répartir aussi méthodiquement que possible, en quatre paragraphes : le premier sera exclusivement consacré à l'importante novelle 86 ; le second aux attributions relatives au droit public ; le troisième aux attributions relatives au droit civil, le quatrième enfin à celles qui sont du domaine du droit ecclésiastique.

### § 1er. — Novelle LXXXVI.

En lisant ce texte, on est vraiment porté à prendre au sérieux la déclaration que fait Justinien, au début de sa préface : « Depuis le jour où Dieu nous a préposés au gouvernement des Romains, nous consacrons tous nos soins à procurer le bien de nos sujets... ».

Quatre ans auparavant, il tentait la réhabilitation du défensorat. Aujourd'hui (539), désabusé sans doute, par le peu de résultats de cette généreuse tentative, il prend une mesure très énergique et remet aux évêques le soin de veiller à ce que les présidents de provinces rendent à tous les citoyens bonne et prompte justice. Par là-même, on peut apprécier la situation occupée par les évêques, dans le Bas-Empire. Qu'on en juge plutôt :

1° Si un procès s'élève entre deux personnes, *en matière civile ou criminelle*, peu importe, les parties doivent le porter tout d'abord devant le président de province. Si celui-ci ne donne aucune suite à la demande ou à la plainte, l'une des parties peut s'adresser à l'évêque du lieu qui mettra le président en demeure de juger. Si, malgré cette mise en demeure, le président n'agit pas, l'évêque est autorisé à remettre à la partie qui demande justice, une lettre dénonçant *à l'empereur* le déni de justice de son représentant, qui sera puni comme il le mérite.

2° Si l'une des parties a une cause de suspicion, vis-à-vis du président de province, elle peut demander que l'évêque connaisse simultanément de l'affaire qui l'intéresse, avec le président de province. La sentence sera ainsi rendue de concert par ces deux personnages.

3° Si un citoyen se prétend victime d'une injustice de la part du président de province, résultant d'un de ses arrêts ou de ses actes quelconques, il portera plainte à l'évêque. Si l'injustice est reconnue par ce dernier, il condamnera le président à la réparer. En cas de refus de ce magistrat de se soumettre au verdict de l'évêque, l'affaire sera soumise à l'empereur, qui, s'il reconnaît légitime et juste ce verdict, condamnera *au dernier supplice* (*ultimo supplicio*) celui qui a été convaincu d'avoir lésé ceux qu'il avait mission de protéger.

Les plus sévères châtiments sont également réservés aux agents de la force publique qui ne se conformeraient pas à la loi.

4° Si un magistrat ou un fonctionnaire quelconque a accepté plus de présents (*sportulas*) que les constitutions ne le lui permettent, le président de province doit le châtier après lui avoir fait rendre ce qu'il a indûment perçu. S'il ne le fait pas, l'évêque signalera sa négligence à l'empereur qui punira sévèrement le président et le fonctionnaire prévaricateurs.

5° Enfin, et pour rendre plus vigoureuse la surveillance des évêques, l'empereur les menace, au cas où ils feraient mépris de la justice pour plaire à quelqu'un, de leur faire infliger les peines canoniques.

Telle est, dans ses grandes lignes, la novelle 86. On avouera qu'elle va droit au but proposé, et que, appuyée sur une telle loi, en même temps que sur l'indépendance et le prestige de l'épiscopat, l'intervention d'un évêque, sa résistance aux dénis de justice des magistrats, devaient être un peu plus efficaces que celles d'un modeste « *defensor* ».

### § 2. — Attributions relatives au droit public.

1. *Visite des prisons* (1).— Une fois par semaine, l'évêque doit se rendre dans les prisons publiques, voir les prisonniers eux-mêmes, leur demander la cause de leur détention, veiller à ce qu'ils soient suffisamment nourris et entretenus dans un bon état de propreté. Si une injustice, une faute, une négligence même lui est révélée, il doit adresser des remontrances au magistrat ou à ses appariteurs, et au besoin signaler le fait à l'empereur qui punira les coupables.

A l'époque du droit classique, les prisons publiques n'étaient pas les seules qui existaient, et l'on sait l'odieux abus que firent les patriciens de ces fameuses *prisons particulières* (*carcera privata*) dans lesquelles ils enfermaient leurs débiteurs insolvables. Sous Justinien, le droit s'est

(1) V. lois 9 et 22, C. I, 4.

sensiblement humanisé, sous l'influence des idées chrétiennes, et l'empereur défend expressément, que sous
n'importe quel prétexte et sous quelque forme que ce soit,
des citoyens soient détenus dans des prisons privées. Si
l'évêque apprend une de ces détentions illégales, il doit
immédiatement faire délivrer le captif.

II. *Protection des filles de famille ou des esclaves livrées
au théâtre ou à la prostitution*(1).—Si un père livre sa fille
à la prostitution, l'évêque mettra la victime, sur sa demande,
à l'abri de cette honteuse nécessité, c'est-à-dire qu'il l'au-
torisera, s'il le faut, à se séparer de son père, pour vivre
honnêtement.

Si c'est un maître qui prostitue ainsi son esclave, la première personne venue peut réclamer la liberté de la victime, soit devant un magistrat, soit devant l'évêque.

On remarquera qu'à ces mesures de protection prises
par les empereurs vis-à-vis des victimes de la prostitution,
ne sont pas jointes des peines contre les auteurs de ces
méprisables forfaits. Ce qui nous paraîtrait très légitime
aujourd'hui, eût été excessif à Rome, même sous les empereurs chrétiens, tant était ancré dans les mœurs, ce principe, qu'un père de famille presque tout autant qu'un
maître, pouvaient disposer comme ils l'entendaient de tous
les biens de ses enfants ou esclaves, y compris leur honneur, et les employer au métier qu'ils jugeaient le plus lu-
cratif.

(1) V. Lois 4, 12, 14 et 33. C. I, 4.

Les empereurs Théodose, Arcadius et Honorius avaient également interdit de contraindre une femme chrétienne à paraître sur *une scène* (1). Justinien alla plus loin et donna le droit aux évêques, de concert avec les présidents de provinces, de faire comparaître devant eux, ceux qui auraient maintenu une femme, contre son gré, dans la profession de comédienne, de faire vendre leurs biens et de les expulser de la ville.

Si c'était le président de province lui-même qui était le coupable, l'évêque *seul*, avait les mêmes droits, et pouvait, si besoin était, en référer à l'empereur qui punissait le coupable d'une façon exemplaire, et donnait à ces femmes qui avaient aussi renoncé à leur profession déshonorante, le droit de contracter un mariage légitime, même avec des personnages pourvus des plus hautes dignités, pourvu qu'elles fussent ingénues.

III. *Répression du jeu.* — Le Digeste et le Code contiennent chacun un titre spécial à ce sujet. Cela donne à penser que ce fléau dont le législateur moderne s'est à plusieurs reprises, occupé, n'était pas ignoré des Romains.

Toute espèce de jeux de hasard sont prohibés par les lois romaines, excepté les cinq qui portent les noms suivants : « *Monobolon, Contomonobolon, Quintanum contacem, perichyten, hippicen* ». Tous les autres, y compris celui des *chevaux de bois* (*equi lignei*) qui paraît-il, n'était pas aussi inoffensif que de nos jours, donnaient droit à une action

---

(1) A Rome les comédiennes étaient qualifiées d' « *abjectæ personæ* » et encouraient plusieurs déchéances.

en répétition des sommes gagnées, et faisaient encourir la vente aux enchères de la maison publique ou privée, dans laquelle on les avait trouvés installés. L'action en répétition pouvait être exercée même contre les héritiers du gagnant, pendant trente ans.

Tous les magistrats, et les évêques en particulier, étaient chargés de rechercher, de prohiber et de punir les jeux de hasard.

IV. Les lois 17, 18 et 26 du Code de Justinien, au titre « *de episcopali audientia* », donnent aux évêques des attributions toutes spéciales. D'après les deux premières, ils nomment de concert avec les principaux propriétaires, les intendants des greniers (*curatores frumenti*) et les militaires chargés de recueillir les redevances en blé.

D'après la loi 26, un rôle plus important encore leur est dévolu, dans les affaires de la cité. Tous les entrepreneurs de travaux publics, tous les adjudicataires d'une exploitation quelconque, tous les comptables de deniers publics, doivent rendre compte devant ce que nous appellerions aujourd'hui une commission, composée de l'évêque et de trois hommes de bonne réputation. Cette commission examine les ouvrages exécutés et surveille la comptabilité. Elle détermine dans quelle mesure ces entrepreneurs, adjudicataires ou comptables sont débiteurs envers la cité. L'empereur envoyait, lorsqu'il le jugeait utile, des inspecteurs spéciaux, pour s'assurer que tout se passait régulièrement à cet égard. Lorsqu'une des personnes mentionnées plus haut, se refusait à comparaître et à communiquer ses comptes, le président de la province devait l'y contraindre.

L'évêque devait en outre veiller à ce que les édifices ou constructions quelconques appartenant à la cité, exigeant des frais d'entretien considérables, fussent réparés tous les ans avec les revenus de la ville.

Le reste de la constitution contient encore une foule de petites attributions données aux évêques dans les affaires de leur ville. On pourrait les appeler des attributions de « haute police » ; elles faisaient de l'évêque le protecteur souverain de la cité.

V. C'est également dans ce second paragraphe que nous ferons rentrer le droit pour les évêques de participer à l'élection des défenseurs des cités, de concert avec tous les clercs, les membres de la curie, les notables et tous les propriétaires de la cité. Consacrée d'une façon très précise par les empereurs Honorius et Théodose, dans une constitution de 409 (1), cette attribution vient à l'appui de ce que nous disions plus haut, que les évêques furent bien rarement, peut-être même ne furent jamais, défenseurs des cités. Si les empereurs disent d'une façon générale que les évêques élisent les défenseurs des cités, c'est qu'apparemment l'usage n'était pas qu'ils remplissent eux-mêmes ces fonctions.

(1) Loi 8, C. I, 55.

### §3 . — Attributions relatives au droit civil.

I. L'évêque intervenait toujours dans la *nomination du curateur d'un fou*. Si le père de cet incapable lui avait désigné un protecteur, dans son testament, le curateur ainsi nommé devait prêter serment, sur les saints évangiles et en présence de l'évêque, d'administrer en toute conscience, la fortune de son pupille.

S'il n'y avait pas de curateur nommé par acte de dernière volonté, l'évêque d'accord avec le président de province, devait en désigner un, présentant toutes les garanties, et lui faire aussi prêter serment.

II. Si cet incapable, atteint de folie ou de faiblesse d'esprit avait des enfants, ceux-ci pouvaient se marier, à condition de faire approuver leur union, tant au point de vue des personnes, que des contrats matrimoniaux, par l'évêque du lieu ou par le président de la province.

III. S'il s'agissait d'un mineur de vingt-cinq ans à pourvoir d'un tuteur ou d'un curateur et que sa fortune ne s'élevât pas au-dessus de 500 *aurei*, la nomination en était encore faite par l'évêque, de concert avec le défenseur de la cité.

IV. Lorsqu'un débiteur, tenu en vertu d'un « *mutuum* », prétendait n'avoir pas reçu l'argent qu'il avait cependant reconnu avoir emprunté, il pouvait pendant cinq ans *utiles*, ramenés par Justinien à deux années *continues*, opposer à son créancier l'exception « *non numeratæ pecuniæ* ». Passé ce délai, il était déchu de ce droit. Aussi devait-il, si le créancier ne le poursuivait pas, prendre lui-même les devants et affirmer en justice, avant l'expiration des deux ans, son intention de nier la numération des espèces, au cas où le pseudo-créancier lui en demanderait le remboursement.

Mais un obstacle était à prévoir. Le prétendu créancier pouvait être absent ; comment dès lors pouvoir l'assigner en justice ? Justinien en dispensa le débiteur et lui permit de manifester solennellement son intention d'opposer à toute poursuite, l'exception « *non numeratæ pecuniæ* » devant l'évêque.

V. Une hypothèse un peu semblable se présentait, lorsqu'un tiers détenteur d'un objet qui ne lui appartenait pas, était absent, ou incapable, et sans représentant ni tuteur. Pour interrompre la prescription le propriétaire n'avait qu'à affirmer son droit de propriété, devant l'évêque.

VI. Enfin si un propriétaire refusait de recevoir la redevance annuelle que son preneur à bail emphytéotique lui offrait, il suffisait à cet emphytéote de faire constater ses offres par le défenseur ou l'évêque, afin d'éviter que son propriétaire ne demandât plus tard, la résiliation du bail pour non paiement de la redevance. Cette constatation faite devant l'évêque ou le défenseur, faisait gagner les redevances annuelles à l'emphytéote, jusqu'au jour où le propriétaire lui faisait signifier qu'il était prêt à les accepter.

§ 4. — Attributions relatives au domaine ecclésiastique.

Nous ne comprenons bien entendu dans les mots « domaine ecclésiastique » que les attributions présentant à la fois un intérêt pour l'église et un intérêt pour la société, un intérêt spirituel et un intérêt temporel.

Pour les questions d'ordre purement ecclésiastique ou spirituel, il va sans dire que l'évêque avait toute compétence.

I. *Nomination des abbés ou abbesses.* — Si nous mentionnons cette attribution, c'est que les monastères occupèrent sous le Bas-Empire, une place considérable dans la société civile, tant à cause de leurs possessions foncières, que de la situation toute particulière qui était faite aux moines. Il y aurait une étude intéressante à faire sur la survivance de la famille romaine du droit primitif, dans les monastères du Bas-Empire. Les moines sont de tous points assimilables aux fils de famille. Du jour de leur entrée au monastère, ils perdent leur personnalité juridique ; ils n'ont plus de capacité propre ; ils empruntent celle de l'abbé, ou plutôt du monastère, être moral. Tout ce qu'ils acquièrent, lui est acquis.

L'abbé reste incapable, comme moine, mais comme chef du monastère, il possède à peu près les mêmes attributions de puissance sur la personne des moines et les biens du monastère, que le « *pater familias* » sur ses enfants.

Sa nomination intéressait donc non seulement le droit religieux pur, mais la société civile. Aussi les empereurs s'en étaient-ils occupés, et avaient chargé en quelque sorte l'évêque de représenter l'autorité publique, dans la sanction, l'approbation qu'ils devaient donner à l'élection de l'abbé ou de l'abbesse, faite par les religieux ou les religieuses (1).

II. *Fondation et entretien d'une église ou chapelle.* — La novelle 67 nous apprend que souvent, des églises ou chapelles étaient élevées par des personnes qui joignaient à leurs pieuses intentions, le désir de donner leurs noms à ces fondations, mais qui, une fois l'édifice construit, ne pourvoyaient pas suffisamment à son entretien, ni à celui des ministres du culte. Pour obvier à ces inconvénients, Justinien interdit la fondation de toute église, oratoire ou monastère, sans l'assentiment préalable de l'évêque. Celui-ci, après s'être assuré que la fondation serait suffisamment entretenue, en bénissait publiquement et avec solennité l'emplacement.

Ici, l'on ne peut s'empêcher de voir dans l'évêque le représentant direct de l'autorité temporelle. Le droit d'autorisation dont la loi l'investit n'est pas du domaine spirituel ; à ce point de vue, il le possédait déjà de par les règles canoniques. C'est le droit de contrôle de la société temporelle, dont elle se démet entre les mains de l'évêque.

Du reste, l'évêque avait aussi sur les biens des églises le pouvoir exclusif d'autoriser ou d'interdire leur aliénation. Nous nous contentons de le mentionner, sans entrer dans plus de détails, car nous touchons ici, à la condition des biens d'Église sous le Bas-Empire, qui n'entre pas dans notre sujet.

Loi 46, C. I, 3.

III. *Exécution des legs pieux.* — Il arrivait souvent qu'un testateur léguait tout ou partie de sa fortune à une église, à un monastère, ou à un établissement charitable : tel qu'un orphelinat, un hôpital, un hospice de vieillards, etc. L'exécution de la libéralité dans ce cas, ne souffrait pas difficulté. Il n'en était pas de même, lorsque l'institution d'héritier ou le legs, ou la donation à cause de mort était faite : aux pauvres de telle cité, ou aux captifs.

Le droit romain annulait ces dispositions comme faites à des *personnes incertaines*, parce que le droit d'exiger leur exécution n'avait pas pu prendre naissance sur une tête, dans une personne déterminée.

Par une faveur spéciale, les empereurs chrétiens validèrent ces dispositions irrégulières et chargèrent les évêques locaux d'en assurer la complète exécution. Si le testateur avait désigné un exécuteur testamentaire chargé de gérer lui-même ou de répartir les biens qu'il avait consacrés à ces œuvres charitables, l'évêque devait se borner à surveiller sa gestion. Dans le cas contraire, c'était lui-même qui recueillait la libéralité, à charge d'en disposer selon les intentions du défunt.

Les legs faits aux captifs, c'est-à-dire destinés à payer la rançon des prisonniers faits par l'ennemi, n'étaient pas rares dans ces siècles si tourmentés par les invasions des barbares. Ce que nous venons de relever dans les constitutions impériales nous en fournit la preuve. Nous pourrions ajouter que dans la hiérarchie des églises grecques, on trouve un dignitaire qui porte le nom de « *premier défenseur* » « ὁ προτέδιχος », chargé de la défense des captifs, c'est-à-dire de veiller à l'exécution des libéralités qui leur étaient faites.

## TROISIÈME PARTIE

# DROIT D'ASILE

---

Il nous reste encore, pour achever notre sujet, à parler de deux institutions romaines dont les évêques furent, sous le Bas-Empire, les rouages principaux : le droit d'asile et l'affranchissement des esclaves.

Le droit d'asile était connu depuis longtemps à Rome. Il est impossible d'assigner à son origine une date fixe, car il dût s'introduire lentement par l'usage. A l'époque où le christianisme devint la religion de l'empire, le droit d'asile était le privilège des temples payens et des statues des empereurs. Il avait pour conséquence de rendre inviolable celui qui s'était réfugié dans ces lieux sacrés, de le soustraire, au moins pour quelque temps, à toute poursuite, soit en matière de dette, soit en matière de crimes ou délits.

En fait, rien n'était plus incertain que l'efficacité du droit d'asile. Les coups de force du pouvoir, les passions populaires, rendaient des plus précaires, cette institution née d'une pensée généreuse et compatissante, dans des siècles où la violence avait trop souvent raison de la justice.

L'Église eut la sagesse de s'approprier cette institution et de la consacrer aux yeux des peuples, par le respect des lieux saints, de l'imposer à tous, par le prestige de la religion elle-même. C'est grâce à cette barrière morale, dont l'Église avait protégé le droit d'asile, que St. Jean Chrysostome put résister un jour, à la foule ameutée de Constantinople, et, donnant un solennel exemple de générosité chrétienne, sauver de ses fureurs, le méprisable Eutrope, qui n'avait usé des faveurs impériales subitement disparues, que pour persécuter le vénérable archevêque.

Les empereurs s'empressèrent d'ailleurs d'ajouter au prestige religieux, les dispositions pénales les plus sévères pour assurer l'efficacité du droit d'asile. C'est ainsi qu'Honorius et Théodose déclarèrent coupable du crime de lèse-majesté, celui qui arracherait d'une église, un réfugié. Théodose et Valentinien décidèrent que, devaient être considérées comme donnant droit à la sauvegarde, non seulement l'intérieur de l'église, mais toutes ses dépendances, c'est-à-dire les porches, maisons, jardins, etc.., jusqu'aux portes et clôtures extérieures. On évitait ainsi de voir les réfugiés manger et dormir dans le temple. Il paraît même qu'un local spécial leur était affecté, et chose curieuse, ils étaient nourris aux frais de l'église.

Mais il ne faudrait pas croire que le débiteur, l'esclave ou le criminel qui avait réussi à se réfugier ainsi dans une église, fût pour toujours à l'abri de poursuites. Compris de cette façon, le droit d'asile n'aurait été qu'une entrave à l'action de la justice, c'est-à-dire au bon fonctionnement

de la société. Le poursuivant devait toujours s'adresser
à l'évêque, ou à l'ecclésiastique que l'évêque avait chargé
de ces sortes d'affaires (1), et lui exposer le droit qu'il avait
contre le réfugié. Si c'était un esclave, ou un colon, ou
un affranchi, ou toute autre personne obligée au service
d'une autre, l'évêque ne pouvait refuser l'extradition,
mais il engageait le maître à se montrer humain vis-à-vis
de son serviteur, et à lui pardonner sa faute.

Si le réfugié était sous le coup d'une action civile ou
criminelle, le poursuivant devait toujours s'adresser à
l'évêque ou à son représentant qui confrontait le poursuivant et le réfugié, et entendait leurs explications. Ce dernier devait alors s'engager à aller s'expliquer devant le
juge compétent, ou à se faire représenter devant lui par
un mandataire spécial. La procédure ordinaire suivait
alors son cours, mais il était interdit à tout appariteur ou
magistrat d'extrader un réfugié sans l'assentiment formel
de l'évêque.

Les empereurs Arcadius et Honorius s'opposèrent à ce
qu'un juif simulât une conversion au christianisme, pour
avoir accès dans une église et se soustraire ainsi à des
poursuites civiles ou criminelles. L'évêque devait le renvoyer et ne donner suite à sa demande de conversion, que
lorsqu'il serait en règle avec la justice.

Enfin il était également interdit de se présenter en armes, dans une église, pour y trouver asile. Si un réfugié

_______

(1) C'était en général l' « *œconomus* » ou le « *defensor ecclesiæ* ».

armé se présentait, il devait être aussitôt invité par l'évêque ou son représentant à déposer ses armes, au secours desquelles il devait préférer l'assistance de la religion « *quod religionis nomine melius, quam armorum præsidio muniatur* ». S'il n'obtempérait pas à cet ordre, il devait être immédiatement renvoyé.

Si c'était un esclave qui refusait de se désarmer et de retourner au service de son maître, on devait permettre à ce dernier de venir le saisir, et s'il opposait de la résistance, de se faire accompagner de forces suffisantes pour le capturer. Si dans la lutte, l'esclave était tué, aucune responsabilité n'était encourue par le maître.

Nous aurons terminé ce qui concerne le droit d'asile, si nous ajoutons que tous les jours l'évêque devait s'enquérir du nom de ceux qui étaient venus chercher asile dans son église, et du motif qui les y avait poussés. Il prenait ensuite les mesures nécessaires pour régulariser leur situation, suivant les principes que nous avons relatés plus haut.

# QUATRIÈME PARTIE

## AFFRANCHISSEMENT DES ESCLAVES

L'esclavage a toujours été contraire à la doctrine de l'Église, et cette doctrine elle l'a toujours proclamée après comme avant le jour où son influence se fit réellement sentir sur la législation romaine. On a reproché cependant au christianisme de n'avoir pas tenu ses promesses, pour n'avoir pas fait complètement disparaître l'esclavage, le jour même où il était devenu la religion des empereurs. Mais il n'est pas difficile de s'apercevoir qu'une telle révolution aurait eu les conséquences les plus malheureuses, si elle n'avait été l'impossibilité même. Une société ne change pas ainsi, du jour au lendemain, ce qui a été, depuis les siècles les plus reculés de son histoire, le pivot de son évolution, la base de toutes ses institutions, l'élément essentiel de sa vie.

Ce qui s'est passé de nos jours, lorsque la France en 1848, puis en 1858 a été obligée de reculer devant la suppression radicale de l'esclavage dans quelques-unes de ses colonies, et tout récemment encore au Brésil, où cette suppression, bien que préparée par une suite prudente et logique des plus intelligentes mesures, a produit les bouleversements économiques et sociaux que l'on sait, peut nous donner une idée de l'effet désastreux qu'une telle innovation aurait engendré pour les esclaves eux-mêmes, dans l'empire colossal des Romains. Tout ce qui était au pouvoir de l'Église, c'était d'accélérer par son influence civilisatrice et religieuse, l'émancipation des esclaves. L'histoire lui rend témoignage qu'elle n'a pas failli à ce devoir.

Nous n'avons pas à relater ici par quels faits l'influence chrétienne se révèle dans ce mouvement d'émancipation sociale, notamment par l'abrogation de cette loi *Fusia Caninia*, qui limitait le nombre d'esclaves que l'on pouvait affranchir par testament. Un seul de ces faits retiendra ici, notre attention : la simplification des moyens de conférer la liberté.

Ces moyens étaient nombreux à Rome, mais trois seulement donnaient à l'affranchi, la pleine liberté, celle du citoyen lui-même : l'affranchissement par l'inscription sur les registres du *Cens* ; l'affranchissement par testament public que primitivement les comices du peuple devaient approuver, formalité qui fut plus tard remplacée par la présence d'un certain nombre de témoins ; enfin l'affranchissement par la vindicte, « *vindicta* », sorte de procès fictif dans lequel un tiers « *assertor libertatis* » venait devant un magistrat affirmer la liberté de tel esclave. Le maître n'y contredisant pas, la liberté était accordée.

A part ces trois modes d'affranchissement, dans lesquels la société était représentée, tous les autres ne conféraient

qu'une liberté imparfaite, dont les lois *Junia Norbana* et
*Ælia Sentia* avaient déterminé l'étendue.

Constantin introduisit un autre mode d'affranchissement
auquel il donna la même vertu qu'aux trois énumérés plus
haut. Ce fut l'affranchissement « *in sacrosanctis ecclesiis* »
qui se généralisa de plus en plus et ne tarda pas à supplan-
ter tous les autres modes d'affranchissements *entre-vifs*.
Il suffisait au maître, de faire part publiquement *à l'évêque* au cours d'une cérémonie religieuse, de son intention
de conférer la liberté à tels et tels de ses esclaves. Un écrit
signé de lui seul, constatait ce qui venait d'être fait, et
l'esclave était désormais citoyen romain.

On réservait en général pour les grandes fêtes, celle de
Pâques par exemple, les affranchissements que l'on voulait accorder, et l'on avait ainsi le spectacle d'un grand
nombre d'hommes recevant au même instant la liberté,
spectacle qui ne devait manquer ni d'intérêt ni de grandeur.

Le même empereur concéda aux ecclésiastiques de tout
ordre et de tout rang, le privilège de pouvoir affranchir
leurs esclaves sans aucune formalité. Il n'était même pas
besoin pour eux, d'y procéder dans les églises, en présence
des évêques. Leur simple volonté, constatée et publiée,
par écrit ou verbalement, faisait de leurs esclaves des citoyens romains.

# DROIT FRANÇAIS

—

# DES ÉVÊQUES

## DANS LEURS RAPPORTS AVEC LE POUVOIR CIVIL

INDEX BIBLIOGRAPHIQUE

**Affre (Mgr)**. — Traité de l'appel comme d'abus.

**Batbie.** — Droit administratif.

**Besson (Paul)**. — De la suppression par mesure administrative des traitements ecclésiastiques.

**Chauveau et Faustin-Hélie**. — Théorie du Code Pénal.

**Dalloz.** — Répertoire, v° *Cultes*.

**Dubief et Gottofrey**. — Traité de l'administration des cultes.

**Ducrocq.** — Droit administratif.

**Dufour.** — Police des cultes.

**Dupin.** — Manuel de droit public eccclésiastique.

**Févret.** — Traité de l'abus.

**Fleury.** — Institution au droit ecclésiastique.

**Gaudry.** — Traité de l'administration des cultes.

**Glaise.** — Dictionnaire des sciences ecclésiastiques.

**Haussonville (comte d')**. — L'Eglise romaine et le premier empire.

**Héricourt.** — Lois ecclésiastiques.

**Isambert.** — Recueil général des anciennes lois françaises.

**Jaudon.** — De l'exercice et de la dotation du culte catholique dans ses rapports avec le pouvoir civil.

**Léouzon-Leduc.** — Discours préliminaires au vote du Concordat.

**A. Leroy-Beaulieu.** — Le Concordat et la séparation de l'Eglise et de l'Etat.

**Pierre Pithou.** — Les libertés de l'Eglise gallicane.

**Portalis.** — Rapport sur les articles organiques.

**Roche (Jules).** — Le budget des cultes.

**Serrigny.** — Traité de l'organisation et de la compétence en matière contentieuse administrative.

**Simon (Jules).** — La liberté de conscience.

**Thiers.** — Histoire du Consulat et de l'Empire. T. III.

**Vuillefroy.** — Administration du culte catholique.

**Walter.** — Droit ecclésiastique.

# INTRODUCTION

Après avoir étudié le rôle des évêques dans l'organisation sociale du Bas-Empire, notre pensée s'est naturellement portée sur les mêmes personnes et vers le même ordre d'idées, dans notre législation actuelle.

Une seule objection pouvait nous détourner de ce projet : sur ce terrain brûlant des lois concordataires, notre plume ne se laisserait-elle pas inspirer par d'autres sentiments que ceux qui doivent seuls guider, dans l'étude du droit ?

Aussi, est-ce avec la plus grande prudence que nous avons abordé notre sujet, bien décidés à ne faire aucune place à tout ce qui ne serait pas conviction juridique, saine et juste interprétation des lois sur lesquelles nous avions à raisonner. Ces lois peuvent paraître défectueuses, on peut en désirer le remaniement, mais il n'entre pas dans les droits du commentateur de substituer son rêve à la réalité qu'elles expriment.

En relisant une dernière fois cette étude, nous croyons pouvoir nous rendre cette humble justice, que parmi toutes ces questions si délicates qui, elles, ont trop souvent subi, il est inutile de se le dissimuler, le contre-coup des idées du jour, il n'en est pas une pour laquelle nous ayons cherché, ailleurs que dans le texte et l'esprit des lois, le motif qui devait la résoudre.

Un autre écueil, à l'opposé du précédent, devait être évité. S'il nous était interdit de nous inspirer de sentiments extra-juridiques, il n'entrait pas davantage dans le caractère de ce travail, de n'être qu'un répertoire de jurisprudence, et d'admettre comme nécessairement fondées en droit, les théories consacrées par nos tribunaux, notamment par la Cour de cassation et le Conseil d'État. Leurs arrêts ont droit à un examen approfondi de notre part ; ils s'imposent à notre considération, non pas à notre conviction ; et lorsqu'il s'agit de prendre parti entre deux systèmes, les autorités dont l'un et l'autre peuvent se prévaloir, doivent disparaître devant l'abstraite vérité qui, seule, doit assurer leur triomphe.

Tels sont les deux principes qui nous ont conduits dans cette étude des rapports des évêques avec le pouvoir civil. Trois chapitres nous ont paru pouvoir diviser convenablement cette matière : la *situation*, la *nomination* et les *attributions* des évêques ; enfin la question si intéressante des *menses épiscopales*, à raison de son importance particulière, a été traitée dans un appendice final. En général lorsqu'on étudie un personnage public, ou si l'on préfère, le titulaire d'une fonction sociale, il est d'usage de mettre au premier rang des questions que l'on se pose sur lui, celle de sa nomination. Nous avons pensé donner plus d'intérêt à ce travail, en disant tout d'abord ce que c'est qu'un évêque aux yeux de la loi, quelle est la situation qui lui est faite dans la hiérarchie sociale. Une fois notre personnage connu, les conditions dans lesquelles il est pourvu de son titre, et les attributions dont la loi le reconnaît investi, ont trouvé naturellement leur place.

# CHAPITRE PREMIER

## SITUATION DES ÉVÊQUES DANS NOTRE DROIT PUBLIC

### § 1er. — Leur caractère.

I. *Caractère des évêques au point de vue spirituel.* — Les évêques ont été de tout temps, et sont encore dans nos sociétés modernes, les dépositaires éminents du sacerdoce chrétien, les représentants autorisés de cette société des âmes, qui est l'Église. L'Église est en effet une véritable société dont l'existence est complètement indépendante de celle des nations. Elle a ses lois, son organisation, ses chefs propres ; elle poursuit un but différent ; son empire enfin est d'une autre nature que celui des sociétés purement humaines.

C'est grâce, précisément, à ces différences essentielles que l'Église peut coexister sur un même territoire et sur les mêmes individus, avec les sociétés. Celles-ci ont uniquement pour but, selon la parole même de Bossuet, de rendre les peuples heureux, c'est-à-dire de favoriser le développement de toutes les richesses matérielles, et de permettre aux hommes de jouir de la vie présente, dans les meilleures conditions possibles.

L'Église élève vers un autre monde les regards de l'humanité et prépare l'homme à la possession d'une vie meilleure qui doit commencer au tombeau pour ne jamais finir. L'objet de ses croyances est donc la raison fondamentale de son existence.

Nous n'avons pas à examiner ici, quelle conduite chacune de ces deux sociétés, l'une spirituelle, l'autre temporelle, doit tenir vis-à-vis de l'autre.

La nécessité de l'entente mutuelle ne fait pas de doute, à notre avis ; la paix sociale est à ce prix ; mais la question des rapports de l'Église et de l'État, exigerait des développements que le cadre restreint de ce travail ne comporte pas.

Nous en avons du reste assez dit, pour établir le véritable caractère des évêques : ils sont, au sein de l'État, les représentants d'une puissance, indépendante dans son principe, et différente par son but.

S'il n'est pas douteux, en effet, que les ministres de la religion, remplissent une fonction sociale, rendent un service public, on ne saurait les considérer comme investis de leur ministère par la société, par la souveraineté nationale, quelqu'en soit le dépositaire. La religion, l'Église, est une institution essentiellement de droit divin ; lui enlever ce caractère, c'est lui ravir tout prestige sur les peuples, tout empire sur les âmes, en d'autres termes, c'est tarir dans sa source, la sève qui la fait vivre et lui permet de se développer.

C'est pour avoir été édifié en méconnaissance complète

de ce principe fondamental, que le système religieux de 1790 eut une existence si éphémère.

II. *Caractère des évêques au point de vue civil.* — Mais bien que l'Église ait son principe vital en dehors de la société civile, bien qu'elle s'adresse à l'esprit, tandis que celle-ci n'a en vue que la matière, comme son ministère s'exerce sur les membres de cette société, elle doit en respecter l'ordre, en tout ce qui n'est pas contraire à ses dogmes. De même, bien que l'évêque ait reçu sa mission d'un autre pouvoir que de la souveraineté nationale, il doit se conformer aux lois qui ne vont pas à l'encontre des principes dont il a la garde et l'enseignement, entrer dans la hiérarchie sociale et prendre en mains les intérêts moraux du pays dont il est citoyen. C'est en ce sens que St Paul disait aux Romains (1) : « Soyez soumis aux autorités constituées »; Jésus-Christ avait déjà dit : « Rendez à César ce qui est à César et à Dieu ce qui est à Dieu (1) ».

Ces principes vont nous faciliter singulièrement la solution de la question fameuse : *un évêque peut-il être considéré comme un fonctionnaire?* Pour y répondre, il nous suffit de rappeler en quelques mots ce que nous avons dit du caractère de l'évêque au point de vue spirituel et au point de vue civil. L'évêque remplit une fonction sociale ; son pouvoir n'est pas une délégation de la souveraineté

(1) Ad Romanos, XIII, 1 : « Omnis anima potestatibus sublimioribus subdita sit ».

(2) Matth. XXII, 21 : « Eddite ergo quæ sunt Cæsaris et quæ sunt Dei Deo ».

nationale, il est de droit divin ; mais il doit s'exercer sans troubler l'ordre établi par les lois qui ne sont pas la négation de sa mission.

De plus, le régime concordataire sous lequel nous vivons, depuis la convention du 26 messidor an IX, passée entre Pie VII et Bonaparte, impose pour que l'évêque puisse remplir sa mission sous la protection des lois, qu'il soit nommé (1) par le chef de l'État et institué par le chef de l'Église.

Cela étant, un évêque peut-il être considéré comme un fonctionnaire ? Nous répondons sans hésiter : non. Qu'est-ce en effet, qu'un fonctionnaire ? c'est un citoyen qui a reçu de l'autorité nationale la plénitude de son pouvoir. Peut-on dire qu'il en est ainsi de l'évêque ? Nous croyons au contraire, avoir démontré tout-à-l'heure, que l'évêque n'avait reçu aucune mission, aucun pouvoir de l'autorité sociale. Il est dans la société temporelle le représentant de la société spirituelle, sa mission, encore une fois, est essentiellement de droit divin.

Dira-t-on que le droit de « nomination » reconnu par le concordat au chef de l'État, fait de l'évêque un fonctionnaire ? Ce serait étrangement abuser des mots. Lorsque le chef de l'État « nomme » un évêque, il ne lui donne aucune investiture, il ne lui délègue aucun pouvoir, pour la raison bien simple que ce pouvoir que l'évêque exercera sur son diocèse, le chef de l'État ne le possède en rien. Le

(1) V. *infra*, la controverse sur le sens du mot « nommé ».

chef de l'État se borne *à permettre* à l'évêque d'exercer ce pouvoir, de remplir cette mission dont le St-Siège peut seul l'investir. Voilà pourquoi nous trouvons ce mot « nomination » dans son acception actuelle parfaitement inexact. Le mot « présentation » ne sacrifierait rien des droits de l'État ; il aurait en outre l'avantage d'être plus clair. Du reste, on a attaché, à notre avis, une importance beaucoup trop grande à cette question. Ceux qui veulent imposer à l'évêque la qualité de fonctionnaire, paraissent croire que sans elle l'évêque est pour ainsi dire, au-dessus des lois, à l'abri de toute surveillance, et de tout devoir de soumission vis-à-vis de l'autorité civile. Ce serait là, croyons-nous, une erreur manifeste. Le précepte de St Paul, qui n'est du reste que la paraphrase de la parole du Christ : « Rendez à César ce qui est à César », s'adresse aussi bien à l'évêque qu'au fonctionnaire. Par suite, tout préjugé, tout parti pris doit être écarté de la discussion et nous croyons y avoir été étranger quand nous avons dit que l'évêque ne pouvait pas être considéré comme un fonctionnaire.

Nous examinerons plus loin la question de savoir si le traitement servi par l'État aux ministres du culte, et notamment aux évêques, peut servir de fondement à la thèse d'après laquelle les évêques seraient des fonctionnaires.

On a aussi tiré argument, en faveur de la même thèse, de ce fait que plusieurs lois imposaient aux évêques certaines conséquences de la qualité de fonctionnaires : incompatibilités diverses, interdiction du cumul de leur traitement avec celui de sénateur ou de député, obligation de résider dans le diocèse etc. A notre avis, il n'est pas nécessaire de supposer admise par le législateur la qualité de fonctionnaire, pour donner un motif à ces différentes prescriptions. Ce qu'il y a de vrai, c'est que les évêques se trouvent, dans ces hypothèses, sur le même pied que les fonctionnaires, pour des motifs tirés du même ordre d'idées ; mais rien ne prouve qu'en dehors de ces cas, c'est-à-dire d'une façon générale et en principe, l'évêque doive être considéré comme un fonctionnaire ; rien ne dit même que dans ces hypothèses particulières le législateur l'ait *considéré* comme tel ; il a vu des raisons suffisantes pour le mettre dans la même situation qu'un fonctionnaire, mais c'est tout.

Examinons maintenant ces diverses prescriptions, imposées aux évêques comme aux fonctionnaires.

1° *Incompatibilités.*

La loi du 2 août 1875 sur l'élection des sénateurs et celle du 30 novembre de la même année, sur l'élection des députés, déclarent les archevêques ou évêques inéligibles dans le département ou la colonie où ils exercent leur ministère. Cette incapacité existe pendant toute la durée de leurs fonctions et pendant les six mois qui en suivent la cessation, due à n'importe quelle cause. De plus elle se produirait alors même que la circonscription dans laquelle l'évêque se présente, ne fût composée qu'en faible partie de son diocèse ou d'une partie de ce dernier. Mais, *à la différence des fonctionnaires*, les archevêques et évêques sont éligibles dans les circonscriptions électorales étrangères à leur diocèse. Par conséquent, le motif de leur inéligibilité spéciale, dans leur diocèse, n'est autre que le suivant : Le législateur a craint que les querelles politiques se portant sur le chef du diocèse, le peuple fidèle qui doit être uni sous l'autorité du même pasteur, ne se trouvât divisé au grand détriment de la religion ; ou encore qu'un évêque n'abusât du prestige et de l'autorité que lui donne son ministère, pour se faire confier un mandat électif.

La même incapacité existe pour l'élection aux conseils généraux, d'arrondissements ou municipaux, et ici pour tous les ministres des cultes, recevant un traitement de l'État, dans le canton ou la commune, où ils exercent leurs fonctions.

Aux termes de l'article 10, de la loi du 15 mars 1850, sur l'enseignement, le conseil académique devait comprendre parmi ses membres l'évêque ou son délégué, et en outre, un ecclésiastique désigné par l'évêque. La loi du 19 mars 1873 donnait aussi place dans le conseil supérieur de l'instruction publique, à « quatre archevêques ou évêques élus par leurs collègues ». Toutes ces dispositions ont été abrogées par la loi du 27 février 1880 et les évêques exclus soit du conseil académique soit du conseil supérieur de l'instruction publique. Le président de la République peut seulement, d'après cette dernière loi, nommer au conseil supérieur quatre membres de l'enseignement libre, sur la proposition du ministre.

Nous rappelons, pour simple mémoire, vu le peu d'intérêt que cela présente pour les évêques, qu'il y a incompatibilité entre les fonctions ecclésiastiques d'une part, et d'autre part, les fonctions judiciaires (1), celles de membre du jury (2), la profession d'avocat (3) ou encore celle de commerçant (4).

2° *Interdiction de cumul du traitement avec l'indemnité de député ou de sénateur*. — Aucun texte précis n'existe sur ce point. La loi du 16 février 1872, à laquelle se réfère celle du 30 novembre 1875, sur l'élection des députés, et par suite celle du 2 août de la même année sur l'élection des sénateurs, interdit le cumul de leur traitement avec l'indemnité législative, aux « fonctionnaires de tout ordre élus députés à l'Assemblée nationale, et aux membres de cette assemblée auxquels des fonctions publiques rétribuées ont été conférées depuis leur élection ».

Mgr Freppel, évêque d'Angers, protesta contre l'application que lui avait faite de ce texte, le gouvernement. Il se fondait pour demander l'annulation de l'arrêté du ministre de la Justice et des Cultes, 1° sur ce fait que les évêques ne sont pas des fonctionnaires et 2° sur ce que l'article 5 de la loi du 16 février 1872 exigeait pour qu'il y ait interdiction de cumul, que le traitement en question fût « assujetti à la retenue au profit du Trésor ». Le traitement des archevêques et évêques n'étant assujetti à aucune retenue au profit du Trésor, l'évêque d'Angers soutenait qu'il pouvait être cumulé avec l'indemnité législative.

(1) Loi 2 septembre 1790 et avis du Cons. d'État du 4 germinal an XI.
(2) Art. 3, loi 21 novembre 1872.
(3) Arrêté du conseil de l'Ordre, de Paris, du 15 mars 1837.
(4) Durand de Maillane-Boistel, n° 62. Arrêt du 16 juillet 1607 du Parlement de Normandie.

Le Conseil d'État par un arrêt au Contentieux, du 23 novembre 1883, répondit sur le premier motif que « si les évêques ne sont pas des dépositaires ou agents de l'autorité publique, ils n'en sont pas moins des fonctionnaires publics *dans le sens des lois relatives au mandat parlementaire* et à l'indemnité qui y est attachée ; qu'en effet l'article 8, de la loi du 30 novembre 1875, après avoir établi que « l'exercice des fonctions publiques rétribuées sur les fonds de l'État est incompatible avec le mandat de député » et que « tout fonctionnaire élu sera remplacé dans ses fonctions », excepte expressément les archevêques et les évêques, de cette disposition ; qu'il suit de là que les évêques doivent être compris parmi les « fonctionnaires de tout ordre élus députés » dont le traitement ne peut, aux termes de la loi du 16 février 1872, être cumulé avec l'indemnité parlementaire ». Quant au second moyen, « si ledit article 5, dit le Conseil, dans le but de déterminer quels sont, parmi les émoluments nécessaires du traitement, ceux qui ne peuvent être cumulés avec l'indemnité législative, range dans cette catégorie « les suppléments de toute nature assujettis à la retenue au profit du Trésor », il ne résulte pas de cette disposition que les traitements eux-mêmes ne peuvent être sujets à l'interdiction du cumul, qu'à la condition d'être assujettis à la retenue ; que l'interprétation contraire résulte de l'article 6 de la loi précitée du 16 février 1872, qui contient des dispositions spéciales destinées à affranchir de la prohibition du cumul, les pensions civiles et militaires, et les traitements de la Légion d'honneur et de la médaille militaire, bien que lesdits traitements et pensions ne soient assujettis à aucune retenue »...

Telle est la réponse du Conseil d'État, que nous avons tenu à donner d'une façon complète. On remarquera qu'elle n'est pas péremptoire. Il n'est pas prouvé en effet, malgré l'affirmation du Conseil d'État, que le législateur du 16 février 1872 ait compris les évêques dans le mot « fonctionnaires ». L'argument tiré de la loi de 1875 ne peut pas s'appliquer à la loi de 1872. Il n'aurait de force que si c'était une même loi qui traitât à la fois, de l'indemnité et de l'éligibilité. Enfin pour ceux qui admettent que le traitement des ecclésiastiques est une indemnité représentative des biens du clergé mis à la disposition de la Nation par la loi du 2 novembre 1789, il paraîtra difficile que cette indemnité ne puisse pas être cumulée avec celle afférente au mandat législatif. En effet ce traitement n'étant qu'une partie du temporel des évêchés, il faudrait, pour être logique, interdire aux évêques de cumuler avec leur indemnité législative, les revenus de leur mense épiscopale.

3° *Obligation de résider dans le diocèse.* — Cette obligation était imposée aux évêques par d'anciennes ordonnances, ainsi du reste, que par les conciles. Sous l'ancien régime cette prescription se comprenait fort bien pour empêcher les évêques d'aller vivre à la Cour. Aussi la sanction était-elle la saisie du temporel. Aujourd'hui le même inconvénient ne peut plus se produire, et l'on n'a eu guère d'exemple, dans ce siècle, d'un évêque ne résidant pas dans son diocèse.

L'article 20 de la loi du 18 germinal an X, qui réédite cette prescription, est ainsi conçu : « Ils (les évêques) seront tenus de résider dans leur diocèse ; ils ne pourront en sortir qu'avec la permission du premier consul ».

Il est facile de voir, à la première lecture de ce texte, que sa seconde phrase répond à un autre ordre d'idées, formule une obligation différente de la première. Être tenu de résider dans un lieu quelconque, ce n'est pas être dans l'obligation de n'en pouvoir jamais sortir, même *momentanément* et pour accomplir par exemple un devoir particulier de sa charge. La résidence est un fait habituel qui n'implique nullement l'obligation de ne jamais s'absenter pour un temps assez court. Cette notion de la résidence conforme à notre Droit civil, l'est également aux motifs qui en avaient fait imposer l'obligation aux évêques par notre ancien législateur. Mais jamais les anciennes ordonnances n'avaient interdit aux évêques de faire les voyages qui leur paraîtraient nécessaires.

L'article 5 de l'ordonnance d'Orléans dit : « Résideront tous archevêques et évêques, abbés et curés, et fera chacun d'eux en personne son devoir et charge, à peine de saisie du temporel de leurs bénéfices ». Et l'article 14 de l'ordonnance de Blois qui est plus explicite, porte : « Seront tenus les archevêques et évêques de faire résidence en leurs églises et diocèses, et satisfaire aux devoirs de leur charge en personne. *De laquelle résidence ils ne pourront être excusés* que pour causes justes et raisonnables, approuvées de droit, qui seront certifiées par les métropolitains aux plus anciens évêques de la province; autrement et à faute de ce faire, outre les peines portées par les conciles, seront privés des fruits qui écherront pendant leur absence ».

Il est de toute évidence que l'ordonnance n'obligeait les évêques à se faire autoriser par les métropolitains « *pour causes justes et raisonnables, approuvées de droit* » que dans le cas où ils croyaient ne plus pouvoir *résider*, au moins pendant un certain temps, dans leur diocèse, et se voyaient dans la nécessité de transporter ailleurs leur résidence. Le législateur de l'an X a donc innové en décidant que les évêques ne pourraient *sortir* de leur diocèse, sans la permission du gouvernement. Et que l'on ne croie pas que nous lui faisons une simple querelle de mots, ni qu'il a employé indifféremment le mot « sortir » pour le mot « résider ». Grâce à cette rédaction le Gouvernement peut interdire aux évêques d'aller à Rome, rendre compte au Pape de leur administration, ainsi que les conciles leur en font un devoir. Mais nous reviendrons bientôt sur ce point, en parlant des rapports de l'épiscopat français avec le Saint-Siège.

### § 2. — Hiérarchie dans l'Épiscopat.

Si, comme le dit de Marca, dans son traité « *De concordantia imperii et sacerdotii* » l'épiscopat, est un, sous l'autorité du Pape qui en est le chef, c'est-à-dire si le caractère épiscopal, avec les pouvoirs *d'ordre* qui y sont attachés, existe aussi bien au dernier degré de la hiérarchie qu'au plus élevé, il n'en est pas moins certain que cette hiérarchie existe. Elle est relative aux pouvoirs *de juridiction*.

La dignité la plus élevée dans l'épiscopat est celle du Pontife romain. Nous n'en parlerons que pour dire les relations qui existent entre lui et les évêques français. Nous examinerons ensuite quelle est, dans notre droit public, la situation des cardinaux, des archevêques, des évêques et enfin des évêques « *in partibus infidelium* ».

I. *Le pape, évêque de Rome. — Rapports avec l'épiscopat français.* — Ces rapports ont lieu, soit par l'intermédiaire d'un nonce ou d'un légat, soit par des écrits adressés directement de Rome, aux évêques.

1° *Nonces et légats.* — On sait la différence qui existe entre ces deux dénominations. Les « légats *a latere* » sont des membres du Sacré-Collège envoyés par le Souverain Pontife dans une nation pour y traiter des questions importantes. Ils ont des pouvoirs plus étendus que les nonces. C'est ainsi que le cardinal Hercule Consalvi fut chargé par Pie VII, de négocier la convention du 26 messidor, et présida à l'organisation nouvelle de notre épiscopat.

Les nonces sont des prélats accrédités par le Pape, auprès des cours catholiques et chargés d'y remplir les fonctions habituelles d'ambassadeurs. Du moins, c'est ainsi que l'entendent nos lois ecclésiastiques puisqu'elles ne lui reconnaissent ni juridiction, ni tribunal. Mais une lettre récente du 13 avril 1885, adressée par le cardinal secrétaire d'État au nonce de Madrid, affirme « que la mission confiée aux nonces apostoliques n'est pas purement diplomatique, mais qu'elle s'étend aux fidèles et aux matières religieuses ».

Quoiqu'il en soit de la nature et de l'étendue de leurs attributions, l'article 2 de la loi organique, reproduisant en cela, l'article 11 des « *Libertés de l'Église gallicane* » de Pierre Pithou, déclare que « aucun individu se disant nonce, légat, vicaire ou commissaire apostolique, ou se prévalant de toute autre dénomination ne pourra, sans l'autorisation du gouvernement, exercer sur le sol français, ni ailleurs, aucune fonction relative aux affaires de l'Église gallicane ».

Nos lois considèrent donc les nonces uniquement comme des ambassadeurs. Ajoutons qu'en vertu des usages diplomatiques communs à toutes les cours catholiques, le nonce est le doyen du corps diplomatique.

2° *Actes émanant de la Cour romaine et adressés directement aux évêques français.* — Ici encore, l'article 1ᵉʳ de la loi de germinal ne fait que reproduire les articles 14 et 77 des *Libertés de l'Église gallicane* : « Aucune bulle, bref, rescrit, décret, mandat, provision, ni autres expéditions de la Cour de Rome, même ne concernant que les particuliers, ne pourront être reçus, publiés, imprimés, ni autrement mis à exécution, sans l'autorisation du gouvernement ».

Cette disposition figurait, nous l'avons dit, dans les maximes des *Libertés de l'Église gallicane*, recueillies par Pithou, et aussi dans presque toutes les ordonnances relatives aux affaires ecclésiastiques. On fait en général remon-

ter l'origine de ce droit pour le gouvernement, de contrôler les actes du Saint-Siège, à une ordonnance de Louis XI,
rendue le 8 janvier 1445. Toutefois il n'est pas bien sûr que
sous Charles VII et même sous Philippe IV, l'usage n'en
fût déjà établi.

Mais la loi de germinal avait été plus loin que nos anciennes ordonnances, en exigeant le visa gouvernemental,
même pour les brefs de la pénitencerie, relatifs au for intérieur. L'ordonnance du 8 mars 1772 les en exceptait formellement : « Exceptons néanmoins de ladite visite, toutes bulles, brefs ou indults concernant le for intérieur
seulement, même les dispenses de mariage, toutes lésquel-
les expéditions pourront être exécutées sans lettres paten-
tes émanées de nous, et visa préalable de nos cours de
parlement, sans préjudice des appels comme d'abus qui
pourraient en être interjetés et sur lesquels il sera statué
en la manière accoutumée ».

Sur les instances du cardinal Caprara, un décret du
28 février 1810 dispensa de la nécessité de l'enregistrement, les actes de cette nature. En effet de graves inconvénients pouvaient résulter pour les particuliers, de la
divulgation de ces écrits destinés à rester secrets, et l'ordre
public ne pouvait nullement être offensé de leur mise à
exécution.

Nous n'avons pas à apprécier, ici, le bien ou mal fondé
de cette obligation imposée aux lois de l'Église, de passer sous le contrôle de l'État, avant de parvenir à exécution. Des publicistes impartiaux l'ont réprouvée au nom

de la liberté de conscience (1). D'autres y ont vu une arme nécessaire entre les mains de l'État pour prévenir toute atteinte à l'ordre social et aux libertés de l'Église de France. Nous nous permettrons seulement d'envisager la question à un autre point de vue : La nécessité de faire enregistrer par le Conseil d'État, les actes émanés du Saint-Siège nous paraît aujourd'hui tant soit peu vieillie. C'est un anachronisme à la fois dans ses causes et dans ses effets.

*Dans ses motifs,* d'abord, car ceux qui l'avaient fait admettre sous l'ancienne monarchie, ont aujourd'hui disparu.

Le Pape n'est plus souverain temporel, et même quand il l'était, durant ce siècle, il n'avait plus, comme au temps des guerres d'Italie, des intérêts en opposition avec la couronne de France. Quant aux atteintes qui pourraient être portées à l'Église gallicane, il ne faut pas oublier que le gallicanisme est aujourd'hui bien mort, du moins dans les rangs du clergé et des fidèles. Il y a et il y aura toujours une église française, une église nationale, mais l'Église gallicane se rapproche de plus en plus de ce que l'on appelle un mythe. Par suite, la crainte d'une atteinte portée soit à l'ordre public français, soit aux libertés de l'Église gallicane, est plutôt imaginaire que réelle.

*Dans ses effets,* maintenant. Sous l'ancienne monarchie, le gouvernement pouvait prétendre empêcher la publication, la divulgation des actes de la Cour de Rome. Aujour-

<hr>

(1) Jules Simon, *La Liberté de conscience.*
(2) Defer, *Le Concordat de* 1801.

d'hui ce serait impossible. Avant que l'original de l'écrit ait pénétré en France, le télégraphe en a donné la substance et l'explication, peut-être même le texte *in extenso*, jusque dans nos communes les plus reculées. La seule chose que le gouvernement puisse empêcher, c'est que les évêques en fassent l'objet de leurs mandements, et ne prescrivent au clergé d'en donner lecture en chaire. Le résultat est donc de médiocre importance. Ce sera seulement dans les cas où le document pontifical est susceptible d'une mise à exécution matérielle que l'intervention du gouvernement sera plus efficace, s'il veut interdire cette mise à exécution. Mais comme les documents de cette nature sont aujourd'hui des plus rares, surtout quand il n'y a pas eu entente préalable avec le pouvoir civil, ce n'est pas, croyons-nous, par cette hypothèse, que l'on peut justifier la nécessité de la mesure dont nous parlons.

Quelle sera la sanction, si un évêque publie officiellement un document pontifical, avant son enregistrement en Conseil d'État? Un recours pour abus, devant ce même Conseil, qui déclarera qu'il y a abus, fera saisir les mandements incriminés, et empêchera au besoin, sa mise à exécution, dans les cas très rares où elle devrait avoir lieu par des actes matériels.

Mais là se borne le pouvoir du gouvernement. Le Conseil d'État a reconnu que les articles 207 et 208 du Code pénal, relatifs à la « correspondance des ministres des cultes avec des cours ou puissances étrangères, sur des matières de religion » étaient inapplicables. Quant aux articles 93 et 103 du même code qui punissent, le premier, le crime d'un commandement militaire pris ou retenu sans l'ordre du gouvernement ou contre une injonction de sa part, et le second, la non révélation d'un crime ou d'un délit contre la sûreté de l'État, le Conseil d'État en avait fait l'application par un décret du 28 janvier 1811 à tout ecclésiastique qui publierait la bulle d'excommunication lancée le 23 juin 1809 par Pie VII contre Napoléon 1er. Depuis lors, tout le monde a été d'accord pour reconnaître que cette assimilation était au moins abusive.

Nous n'avons jusqu'ici parlé que des actes émanés du Saint-Siège et adressés aux évêques. Disons quelques mots de l'hypothèse inverse, c'est-à-dire de celle où un évêque français adresse une lettre au Souverain Pontife, ou bien se transporte de sa personne, à Rome.

Dans ce dernier cas, le gouvernement est suffisamment armé par l'article 20 de la loi organique, qui interdit aux évêques de *sortir* de leurs diocèses sans l'autorisation du gouvernement. Cet article, il est vrai, est de ceux qui n'ont pas été appliqués d'une façon uniforme, et qui ont subi les contre-coups de la politique. Dans les cas même, où son application a été exigée, il a été généralement considéré qu'il suffisait à l'évêque de prévenir le Ministre des cultes de son prochain déplacement, sans être obligé d'attendre la réponse approbative de ce dernier.

Quant aux lettres adressées par un évêque français au Saint-Siège, voici ce que nous dit *St-Simon* dans ses *Mémoires* : « *Écrire directement au Pape, à ses ministres, ou à des personnes placées dans cette cour,* ou en recevoir des lettres, sans qu'à chacune, le roi et son secrétaire sussent pourquoi, c'était un crime qui ne se pardonnait pas, et était puni ».

Il n'est guère possible de ne pas voir dans ces dernières paroles un exemple de cette exagération assez familière au célèbre auteur des « Mémoires ». Toutefois, bien que le fait d'écrire directement au Pape n'ait pas été spécialement et textuellement interdit par aucune de nos anciennes ordonnances, du moins à notre connaissance, on devait nécessairement considérer le fait d'écrire à la Cour de Rome comme assimilable à celui d'en recevoir des lettres.

La loi de l'an X est muette sur ce point spécial, mais le Code pénal a réparé son oubli, dans les articles 207 et 208 que nous transcrivons :

Art. 207 : « Tout ministre d'un culte qui aura sur des questions ou matières religieuses, entretenu une correspondance avec une cour ou puissance étrangère, sans en avoir préalablement informé le ministre du Roi chargé de la surveillance des cultes, et sans avoir obtenu son autorisation, sera, pour ce seul fait, puni d'une amende de cent francs à cinq cents francs, et d'un emprisonnement d'un mois à deux ans ».

Art. 208 : « Si la correspondance mentionnée en l'article précédent a été accompagnée ou suivie d'autres faits contraires aux dispositions formelles d'une ordonnance du roi(décret), le coupable sera puni du bannissement, à moins que la peine résultant de la nature de ces faits ne soit plus forte, auquel cas cette peine plus forte sera seule appliquée ».

Aucune application de ces deux articles, n'a été faite que nous sachions; mais ils n'ont jamais été abrogés et ils constituent par conséquent une arme entre les mains du gouvernement qui pourra s'en servir quand il le jugera utile.

Pour terminer ce que nous avions à dire sur le Pape, rappelons que le gouvernement français envoie auprès du Saint-Siège un ambassadeur, comme toutes les puissances catholiques. Sa suppression a été demandée à plusieurs reprises, dans ces dernières années, au sein de nos assemblées législatives, mais sans succès.

II. *Cardinaux.* — Le cardinalat est, on le sait, la dignité la plus élevée dans l'Église, après le souverain Pontificat. Le nombre des cardinaux n'est délimité d'une façon précise, ni pour l'ensemble de la catholicité, ni pour la France en particulier. Toutes les nations catholiques ont le droit de présenter un certain nombre de candidats au choix du Pape, qui les nomme.

L'importance pour une nation comme la France d'avoir un certain nombre de prélats français membres du Sacré-Collège, résulte surtout du privilège exclusif d'élire le Pape, privilège qui appartient aux cardinaux depuis 1179. Antérieurement le peuple et le clergé de Rome y participaient dans une certaine mesure, mais en raison des désordres et des factions populaires dont l'élection était la cause, le

Pape Alexandre la remit exclusivement aux mains des cardinaux.

III. *Archevêques.* — Ce sont les chefs des provinces ecclésiastiques. Supérieurs en dignité aux évêques, ils reçoivent l'appel des sentences prononcées par ces derniers, ainsi que les plaintes portées contre leur conduite. Leur prééminence est certaine, et la loi du 18 germinal dans son article 14 leur reconnaît le droit de « veiller au maintien de la foi et de la discipline dans les diocèses dépendant de la métropole ».

La loi ne reconnaît plus comme sous l'ancien régime la dignité de primat, non-seulement comme juridiction sur les autres archevêchés et évêchés, mais même à titre honorifique.

IV. *Évêques.* — Nous n'avons rien de particulier à dire, ici, sur eux.

V. *Évêques* « in partibus ». — Ils n'ont pas de situation officielle dans notre droit public et cependant le gouvernement ne se désintéresse pas de leur nomination. Bien que nous n'ayons pas encore parlé de la nomination des évêques, nous croyons devoir donner ici, les explications nécessaires sur celle des évêques *in partibus*, pour n'avoir pas à y revenir plus tard.

Un ecclésiastique peut être nommé évêque « *in partibus* » de trois façons : soit par le Pape lui-même et de son propre mouvement, « *proprio motu* », soit sur la *demande du gouvernement*, soit sur la *demande d'un évêque* ayant charge d'âmes, qui désire avoir un coadjuteur ou un auxiliaire, pour le soulager dans l'administration de son diocèse.

Il va sans dire que dans ces deux dernières hypothèses, le gouvernement français a les mêmes droits de nomination que lorsqu'il s'agit de pourvoir un diocèse vacant. Lorsque le gouvernement demandera lui-même, de son proprement mouvement, la promotion d'un ecclésiastique à l'épiscopat, cela est évident, puisque la démarche du gouvernement est faite « *intuitu personæ* ». Le cas se présente rarement ; l'intention du gouvernement, est en général de donner une haute distinction à un ecclésiastique qui a rendu des services au pays, ou qui occupe une place élevée dans la hiérarchie des fonctions sociales. C'est dans ces conditions, que M. Frayssinous, ministre de l'Instruction publique et des cultes, sous la Restauration, fut nommé évêque d'*Hermopolis*.

Lorsqu'un évêque français, à la tête d'un diocèse, demande à être aidé dans l'accomplissement des devoirs de sa charge, deux situations peuvent se présenter : ou bien l'évêque désire que l'auxiliaire qui lui sera donné, recueille à sa mort, sa succession épiscopale, ce sera alors à proprement parler un *coadjuteur* qui lui sera donné. La nomination devra avoir lieu dans les mêmes conditions que celle d'un évêque ordinaire, et le coadjuteur succèdera à l'évêque sans aucune intervention ni du gouvernement, ni du Saint-Siège.

*Ou bien* l'évêque ne désire ou ne peut obtenir qu'un simple *auxiliaire*, sans promesse de future succession. Les choses se passent alors uniquement entre l'évêque et le Souverain Pontife. Au point de vue des rapports avec le gouvernement, ce cas est absolument assimilable à celui ou c'est le Pape seul qui nomme *proprio motu*.

La législation a été changée sur ce point par la loi du 26 juin 1889.

Avant cette loi et sous l'empire de l'article 17 du Code civil, et du décret du 7 janvier 1808, l'ecclésiastique français qui était nommé évêque *in partibus infidelium*, sans l'autorisation préalable du gouvernement, perdait de plein droit la qualité de Français. Cette conséquence fut notamment appliquée par le ministre des cultes, en 1832, à M. l'abbé de Mazenard, nommé évêque *in partibus* sans l'agrément préalable du gouvernement.

Mais l'article 17 du Code civil a été modifié par la loi du 26 juin 1889. En vertu de cette loi récente, la qualité de Français se perd non plus comme auparavant, *par l'acceptation* de fonctions publiques conférées par un gouvernement étranger, sans l'autorisation du gouvernement français, mais par la *non résignation* de ces mêmes fonctions, sur l'*injonction* du gouvernement.

Dès lors une question assez intéressante se pose, qui n'a pas été, croyons-nous, envisagée jusqu'ici. Le titre *seul* d'évêque *in partibus*, a toujours été considéré comme constituant une *fonction publique* dans les termes de l'article 17 du Code civil. Aujourd'hui, un ecclésiastique français qui serait nommé évêque *in partibus* sans l'assentiment préalable du gouvernement français, ne perdrait plus de plein droit, comme avant 1889, la qualité de français. Si le gouvernement ne voit pas d'inconvénients à cette nomination, aucune difficulté ne surgira. Mais qu'arrivera-t-il si cette nomination indispose le gouvernement français. S'il s'agissait d'une fonction publique ordinaire, le gouvernement enjoindrait immédiatement à celui qui vient d'en être pourvu par le souverain étranger, de la résigner : le dignitaire serait *libre* d'obéir ou de refuser d'obéir, sous la sanction, bien entendu, de la perte de la nationalité française, en cas de refus. Mais peut-il en être de même, pour un évêque « *in partibus* »?

Nous ne le croyons pas, par la raison bien simple qu'un évêque *in partibus*, qui a le caractère épiscopal aussi bien qu'un évêque diocésain, ne peut pas plus renoncer à sa qualité d'évêque, qu'un prêtre ne peut renoncer au caractère sacerdotal. L'ordre épiscopal, comme l'ordre sacerdotal, est absolument indélébile.

Dira-t-on qu'il suffira à l'évêque *in partibus* de renoncer au titre de l'évêché qui se trouve au pouvoir des infidèles, et que lui a conféré le Souverain Pontife, en le nommant évêque. On serait dans l'erreur, car la *dignité*, comme le *caractère*, ne consiste pas dans le nom de l'évêché *in partibus* qui n'est qu'un « titre honoraire », qu'on nous passe cette expression incorrecte. L'évêque, même après avoir donné cette singulière démission de titulaire de tel siège *in partibus infidelium*, n'en serait pas moins évêque, c'est-à-dire dignitaire de l'Eglise, en vertu de la seule volonté du Souverain Pontife.

Par conséquent le gouvernement se trouvera, croyons-nous, dans une impasse. Il ne pourra pas déclarer l'évêque *in partibus* déchu de sa qualité de français, en constatant qu'il n'a pas résigné ses « fonctions » d'après l'injonction qui lui a été adressée, car l'évêque pourrait lui répondre avec raison : si j'avais su que ma nomination n'eût pas été agréée par le gouvernement, je ne l'aurais peut-être pas acceptée ; actuellement vous ne pouvez pas me frapper pour une « fonction » que je suis dans l'impossibilité radicale et matérielle de résigner ». C'est là une conséquence très curieuse, que n'a certainement pas prévue le législateur de 1889.

Mais le gouvernement pourra, s'il apprend qu'un ecclésiastique français est sur le point d'être nommé évêque *in partibus*, lui enjoindre de ne pas accepter cette dignité sous peine de perdre la nationalité française. Cette injonction pourra même être faite utilement, jusqu'au sacre, qui seul imprime le caractère épiscopal.

### § 3. — Privilèges honorifiques de l'épiscopat français.

I. TITRE. — L'article 12 de la loi du 18 germinal an X, « autorise » les évêques à faire précéder leur nom du titre de *citoyen* ou de *monsieur*, mais leur interdit toute autre qualification honorifique.

L'usage, plus fort en cela que la loi, avait introduit dans les documents officiels les qualificatifs de *Monseigneur*, de *Grandeur* pour les archevêqués et évêques et d'*Eminence* pour les cardinaux. A la suite d'une interpellation adressée au ministre des Cultes par M. Guillot député de l'Isère, le 24 janvier 1881, on est revenu à la stricte observation de l'article 12 de la loi de germinal et dans les documents, comme dans les discours officiels, les anciennes qualifications ont fait place à celles de « *Monsieur le cardinal* », « *Monsieur l'archevêque* » ou « *Monsieur l'évêque* ».

II. *Costume.* — L'ancien costume du clergé avait été aboli (1) comme tous ses autres privilèges, par la révolution.

L'article 42 de la loi de germinal, permettait aux ecclésiastiques de tout autre, mais seulement *dans les cérémonies*, « d'user des habits et ornements convenables à leurs titres ». Et l'article 43 portait : « Tous les ecclésiastiques seront habillés à la française, et en noir. Les évêques pourront joindre à ce costume, la croix pastorale et les bas violets ».

Mais le décret du 17 nivôse an XII fit une concession de plus : « Tous les ecclésiastiques, porte l'article 1er, employés dans la nouvelle organisation, savoir les évêques *dans leurs diocèses*, les vicaires généraux et chanoines *dans la ville épiscopale et autres lieux où ils pourront être en cours de visite*, les curés, desservants et autres ecclésiastiques *dans le territoire assigné à leurs fonctions*, continueront à porter les habits convenables à leur état, suivant les canons, règlements et usages de l'Église ».

Art. 2. « Hors les cas déterminés par l'article précédent,

(1) Décret du 18 janvier 1792.

ils seront habillés à la française et en noir, conformément
à l'article 43 de la loi du 18 germinal an X ».

Aucune loi, aucun décret, ne sont venus postérieurement
à celui de l'an XII, y apporter une modification. Par suite, il
semble que les ecclésiastiques n'auraient pas le droit de porter leur costume en dehors des limites de la circonscription
où ils exercent leur ministère. Mais la jurisprudence a reconnu que l'usage pour les ecclésiastiques de porter le costume antique du clergé sur toute la surface du territoire français, a acquis en quelque sorte, force de loi, puisqu'il a
recueilli l'assentiment de tout le monde et du gouvernement
en particulier : « Considérant, dit en effet la Cour de Montpellier, dans un arrêt du 12 février 1851, que le costume
actuel du clergé, a été reconnu comme constituant l'*habit
ecclésiastique*, par le décret du 9 avril 1809, et par l'ordonnance royale du 16 juin 1828, puisqu'en exécution de
ce décret et de cette ordonnance, les élèves des séminaires ont été autorisés d'abord et obligés ensuite à porter
l'habit dont ils sont encore aujourd'hui vêtus, c'est-à-dire
le costume traditionnel des membres du clergé ».

Et la Cour ajoutait, ce qui complètera tout ce que nous
avions à dire sur le costume des évêques : « Considérant
que ce costume, qui est la manifestation publique et res-
pectée du caractère divin et de l'autorité dont le prêtre
(ou l'évêque) est investi, rentre essentiellement dans les
prévisions de l'article 259 du Code pénal » (1). Or cet
article 259 est ainsi conçu : « Toute personne qui aura

(1) Montpellier, 12 février 1851, Dalloz, 1851, 2, 35.

publiquement porté un *costume*, un uniforme ou une décoration qui ne lui appartenait pas, sera punie d'un emprisonnement de six mois à deux ans ».

III. *Honneurs dûs aux membres de l'épiscopat.* — La législation sur ce point, a été successivement modifiée par les décrets du 24 messidor an XII, du 13 octobre 1863, du 28 décembre 1875 et du 23 octobre 1883. Ces honneurs consistent d'abord en droits de préséances dans les cérémonies publiques, et en devoirs que doivent rendre aux évêques, les fonctionnaires, dans certaines circonstances.

1° *Préséances.* — Les *cardinaux* viennent immédiatement après le Président de la République et avant les ministres. Sous le décret de l'an XII, ils venaient après les princes de la famille impériale.

Les *archevêques* viennent après les ministres, les maréchaux, amiraux, le grand chancelier de la Légion d'honneur, les conseillers d'Etat chargés de missions extraordinaires par décret du Président de la République, les généraux de division gouverneurs de Paris et de Lyon, ou commandants de corps d'armée, les vice-amiraux commandants en chef ou préfets maritimes, les grands-croix et grands-officiers de la Légion d'honneur, les généraux de division commandants les régions de corps d'armée après le départ du corps d'armée mobilisé, et enfin les premiers présidents de Cours d'appel.

Les *évêques* passent après les généraux de division commandant un groupe de subdivisions de région, les préfets et les présidents de Cours d'assises.

2° *Honneurs* proprement dits.

*Au décès* d'un cardinal, d'un archevêque ou d'un évêque, toutes les autorités civiles et militaires qui viennent après lui dans l'ordre des préséances doivent assister à ses funérailles. Les chambres et les corps de fonctionnaires se font représenter par des députations.

*Lors de l'installation* d'un cardinal, d'un archevêque ou d'un évêque, les autorités qui viennent après lui, dans l'ordre des préséances, doivent lui rendre visite. Les cours et tribunaux envoient des délégations. Les maires et adjoints doivent se trouver à la demeure épiscopale pour recevoir le prélat à son arrivée dans sa ville épiscopale ou dans celle qui est sur son passage, quand il doit s'y arrêter.

Le corps des officiers tenant garnison dans la ville épiscopale doit les mêmes visites, de même qu'à l'arrivée ou au départ définitif de la garnison. Mais le décret du 23 octobre 1883 a supprimé tous les honneurs militaires que le décret du 13 octobre 1863 prescrivait soit au décès d'un cardinal, d'un archevêque ou d'un évêque, soit de son vivant.

### § 4. — Traitements des évêques.

« Une religion, dit Portalis dans son commentaire sur les articles organiques, ne pouvant subsister sans ministres, il est juste que ses ministres soient assurés des choses nécessaires à la vie, si l'on veut qu'ils puissent exercer toutes leurs fonctions et en remplir les devoirs, sans être distraits par le soin inquiet de leur conservation et de leur existence ».

C'est en effet une nécessité et un devoir pour une société que d'assurer l'existence matérielle des ministres de la religion. Sous l'ancien régime, l'Etat n'avait pas à subvenir par ses budgets à l'entretien de ces ministres. Il s'était contenté de leur laisser la capacité d'acquérir, et dès les premiers temps de la monarchie française, la piété des fidèles et des rois avait constitué à l'Eglise un patrimoine qui suffisait amplement à mettre le clergé à l'abri du besoin, à lui permettre même de venir en aide aux malheureux, d'une façon permanente.

Aujourd'hui il n'en est plus ainsi. L'Eglise n'a plus de patrimoine et c'est l'Etat lui-même qui sert aux ministres des cultes un traitement annuel.

Mais quelle est la nature de ce traitement? Quels droits l'Etat peut-il prétendre sur lui? Est-il incessible et insaisissable vis-à-vis des tiers? Quelle est enfin, sa quotité? Toutes ces questions méritent successivement notre examen et notre réponse.

1º Et d'abord quelle est la nature du traitement servi aujourd'hui par l'Etat au clergé (1)?

Deux théories sont en présence : c'est un *salaire*, disent les uns, qui ne se distingue en rien de celui que l'Etat sert à ses autres fonctionnaires. C'est une *indemnité*, disent les autres, qui représente la valeur ou une partie de la valeur

_________

(1) Nous employons le mot clergé en général, car il n'y a aucune raison de distinguer, ici, spécialement, les évêques.

des biens possédés par le clergé avant 1789 et qui furent mis à la disposition de la Nation par le décret du 2 novembre 1789.

C'est donc de faits historiques que dépend la solution à donner à une question de droit. Comment les choses se sont-elles passées ?

Les faits qui s'accomplirent dans l'intérieur de l'Assemblée constituante ne sont guère discutés. Tout au plus y a-t-il controverse sur le point de savoir s'il y eut *spoliation* de la part de la nation, ou *cession* de la part du clergé, et dans ce dernier cas, si les représentants du clergé avaient reçu *mandat* de renoncer au patrimoine entier de l'Église. Ces questions qui ont leur importance au point de vue purement historique, n'en ont aucune, à notre avis, pour la question de droit. Qu'il y ait eu spoliation ou cession, ces biens, qui étaient la propriété du clergé, n'en furent pas moins mis à la disposition de la nation et il n'en fut pas moins convenu d'une façon formelle, soit dans la discussion, soit dans le texte du décret du 2 novembre 1789 qui en fut la conclusion, que l'État ne s'appropriait ces biens qu'à « la charge de pourvoir *d'une manière convenable* aux frais du culte, à l'entretien de ses ministres et aux soulagements des pauvres ». La même Assemblée constituante avait, trois mois auparavant, dans le fameux décret du 4-11 août 1789, portant abolition du régime féodal, décidé que « les dîmes et redevances de toutes natures, possédées par les corps séculiers et réguliers...... étaient abolies, sauf à aviser aux moyens de subvenir d'une autre manière à la dépense du culte divin, à l'entretien des ministres des autels, au soulagement des pauvres, aux réparations et reconstructions des églises et presbytères, et à tous les établissements, séminaires, écoles, collèges, hôpitaux, communautés et autres, à l'entretien desquels elles sont actuellement affectées... ».

Enfin la constitution de 1791 portait : « *Sous aucun prétexte* les fonds nécessaires à l'acquittement de la dette nationale *ne pourront être refusés ni suspendus*. Le traitement des ministres du culte catholique, pensionnés, conservés, élus ou nommés en vertu des décrets de l'Assemblée constituante, font partie de la dette nationale ».

Voilà le véritable fondement de ceux qui soutiennent le caractère d'indemnité des traitements ecclésiastiques. Il se rattache du reste au principe général de l'expropriation, formulé par l'Assemblée constituante elle-même : « Nul ne peut être privé de sa propriété que pour une cause d'utilité publique et moyennant une juste et préalable indemnité ». Le clergé a été exproprié de ses biens ; l'indemnité que lui a allouée la Nation n'a pas consisté en capital mais en revenus ; par suite ces revenus doivent être aussi sacrés, participer à la même nature, que l'indemnité qui aurait pu être versée en capital.

Ces faits, qu'il était nécessaire d'établir, ne sont contestés par personne, nous voulons dire, par aucun jurisconsulte sérieux.

Sur quel motif s'appuie-t-on, alors, pour refuser aux traitements ecclésiastiques, le caractère d'indemnité ? Voici :

Sous l'empire des décrets du 11 août et du 2 novembre 1789, dit-on, les traitements ecclésiastiques étaient bien en effet, une indemnité payée au clergé dépossédé. Mais l'état de choses créé par l'Assemblée constituante disparut; il fut aboli par le décret du deuxième jour complémentaire an II, qui *affranchit l'État de ses obligations* en déclarant : « La république ne salarie aucun culte et ne fournit de local ni pour l'exercice du culte, ni pour le logement des ministres ».

Par suite, lorsque le premier consul Bonaparte, consentit par le Concordat, à accorder un traitement au clergé, celui-ci n'y avait aucun droit préexistant, et bénéficia d'une pure faveur de la part de l'État. Le traitement des ecclésiastiques ne diffère donc plus aujourd'hui de celui des autres fonctionnaires. Tel est l'argument.

Il nous paraît difficile de l'accepter. Comment serait-il permis de soutenir, en effet, que la convention a pu affranchir la Nation d'une dette que ses représentants autorisés avaient reconnue inviolable? Un débiteur n'a pas le droit de s'exonérer de sa dette, sans le consentement de son créancier. Nier cela, serait consacrer le triomphe de la force sur le droit.

La Convention avait méconnu le droit du clergé catholique à son indemnité: nous sommes autorisés à penser qu'en signant le Concordat, le premier Consul voulut réparer l'injustice commise et jeter sur un passé de violences, le voile consolateur de l'oubli.

En résumé, nous dirons : l'Assemblée constituante n'a

exproprié le clergé de ses biens que moyennant une indemnité consistant en pensions ou traitements annuels. Elle a déclaré elle-même cette dette nationale, inviolable. Le fait de la suppression de cette indemnité par la Convention n'a pu détruire le droit qu'avait sur elle le clergé français et Bonaparte en signant le Concordat n'a fait que reconnaître la préexistance de ce droit, lui donner satisfaction.

On dit, pour méconnaître cette intention chez le premier Consul qu'il n'avait aucun compte à tenir des réclamations du clergé, en 1801. Il y a bien deux articles dans la Convention de messidor an IX, les articles 13 et 14 dont l'un est la conséquence de l'autre et qui forment à eux seuls un contrat synallagmatique particulier dans ce grand contrat général qui est le Concordat. Qu'on nous permette de les transcrire :

Art. 13 : « Sa Sainteté, pour le bien de la paix, et l'heureux rétablissement de la religion catholique, déclare que ni elle ni ses successeurs ne troubleront en aucune manière les acquéreurs des biens ecclésiastiques aliénés, et, qu'en conséquence la propriété de ces mêmes biens, les droits et revenus y attachés, demeureront incommutables entre leurs mains ou celles de leurs ayants cause ».

Art. 14 : « Le gouvernement assurera un traitement convenable aux évêques et aux curés dont les diocèses et les paroisses seront compris dans la circonscription nouvelle ».

Ceux qui ne veulent pas voir dans ces deux articles, rapprochés à dessein l'un de l'autre dans le texte du Concordat,

des concessions mutuelles de la part des parties contrac-
tantes, l'une promettant de ne jamais inquiéter les acquéreurs de biens nationaux, l'autre s'engageant en retour,
à assurer un traitement convenable aux ministres du culte
catholique, prétendent que l'Eglise de France en renonçant à toute réclamation sur les biens nationaux fit une
concession forcée, qu'il n'était pas en son pouvoir de refuser, et que dès lors le gouvernement français était libre d'accorder ou de refuser de subvenir à l'entretien du clergé.

D'abord est-il bien sûr que l'Eglise de France fit un sacrifice forcé, en renonçant, en 1801, à la propriété des biens
nationaux ? On est un peu trop porté, croyons-nous, à juger des événements d'il y a cent ans, par les idées et les
sentiments dans lesquels nous vivons aujourd'hui. Peut-
être qu'en 1801 cette renonciation souffrait un peu plus
de difficultés que nous ne nous l'imaginons actuellement.
Rien ne pouvait être plus dangereux pour la paix publique
que la persistance des réclamations du clergé. Rien n'é-
tait plus propre à assurer la tranquïllité dans cette société
qui venait de naître sur des ruines, et rien n'est plus digne
de notre admiration et de notre reconnaissance que l'acte
par lequel le chef de l'Eglise déclara tout oublier de ce qui
pouvait troubler les consciences, pour longtemps encore.

Mais en admettant même, que le clergé français fit un
sacrifice forcé en renonçant, en 1801, à réclamer la restitution de ses biens, s'ensuivait-il, comme on le prétend, que
le gouvernement français pouvait méconnaître son droit à
l'indemnité que lui avait reconnu la Constituante ? C'est

ce que nous nous permettons de révoquer en doute, et pour prouver le contraire à ceux qui ne veulent voir dans l'article 14 du Concordat, que la libre concession aux ecclésiastiques d'un traitement annuel ne différant en rien de celui des fonctionnaires, nous poserons cette simple question : Est-il permis de croire que le Saint-Siège, aurait consenti l'article 13, si le gouvernement français n'avait signé l'article 14 ? Nous pensons fermement, quant à nous, que ces deux dispositions : renonciation à toute réclamation sur les biens nationaux et assurance d'un traitement convenable et inviolable au clergé, sont inséparables l'une de l'autre et que violer celle-ci, c'est méconnaître formellement celle-là.

Nous concluons en disant qu'il résulte de la convention de messidor an IX aussi bien que des décrets des 11 août et 2 novembre 1789, que le traitement servi annuellement au clergé est l'indemnité qui lui est due pour l'expropriation qu'il a subie en 1789.

2° *Quels droits le gouvernement peut-il prétendre sur le traitement des ecclésiastiques ?*

Nous retrouvons, pour répondre à cette nouvelle question, deux systèmes analogues à ceux que nous avons examinés sous la précédente, et qui en sont en effet la conséquence : ceux qui ont donné aux traitements ecclésiastiques le caractère de salaire, reconnaissent à l'État un droit absolu de les saisir ; ceux qui ont attribué à ces mêmes traitements le caractère d'indemnité, refusent aussi à l'État le droit de les retenir au profit du trésor.

A l'appui de chacun de ces deux systèmes, on donne les mêmes arguments, que nous avons exposés plus haut, mais de plus, les partisans du droit de l'Etat invoquent la saisie du temporel qui existait sous l'ancien régime, et deux décrets du premier Empire.

*La saisie du temporel* existait sous l'ancienne monarchie, personne ne le conteste ; mais ce que l'on paraît ignorer, lorsqu'on veut fonder sur elle le droit actuel de l'Etat de saisir les traitements ecclésiastiques, c'est qu'elle avait un caractère bien différent de celui qu'on lui suppose, et bien différent aussi, du droit qu'on veut donner aujourd'hui à l'Etat.

Nous résumerons dans un mot les différences capitales qui existent, à notre avis, entre la saisie du temporel ecclésiastique sous l'ancien régime et le droit que s'arroge aujourd'hui l'Etat : ce dernier est arbitraire, le premier ne l'était pas.

Nous disons que la saisie du temporel ecclésiastique, sous l'ancien régime, n'avait pas, comme on se l'imagine trop souvent, un caractère arbitraire. Cela est vrai au double point de vue des causes pour lesquelles la saisie pouvait être prononcée et de l'autorité qui la prononçait.

A. Les causes pour lesquelles la saisie pouvait être prononcée étaient connues et fixées par les grandes ordonnances d'Orléans et de Blois. Févret, l'auteur du *Traité de l'Abus* nous les fait connaître. Le roi avait le pouvoir « de faire mettre sous sa main le temporel ecclésiastique, soit par défaut de résidence des bénéficiers dans les bénéfices qui portent obligation de résider, soit pour estre négligens à faire les réparations nécessaires aux églises et bâtiments dépendans de leurs bénéfices ; soit pour punir les désobéissances et contraventions des ecclésiastiques qui refusent d'observer les règlements publics ou ordonnances du royaume, en procédant à la saisie de leur temporel, jusques à ce qu'ils ayent obéy ou payé les amendes, intérests et autres sommes, esquelles ils pourront avoir esté condamnez (1) ».

Donc quatre causes pouvaient motiver la saisie du temporel : non-résidence dans la paroisse ou le diocèse ; défaut de réparations aux édifices dépendants de l'évêché ou de la cure ; non paiement d'amendes ou de dommages-intérêts encourus par suite de condamnations ; enfin contraventions formelles à des ordonnances ou règlements en vigueur. C'est en vertu de cette dernière cause que Charles VI ordonna de contraindre « par saisie du temporel, les ecclésiastiques, à payer le dixième du revenu de leurs bénéfices, imposé par l'assemblée du Clergé de France, pour subvenir aux frais qui sont à faire pour parvenir à l'union de l'Eglise ».

En dehors de ces causes précises, il n'eût pas été possible de saisir le temporel ecclésiastique, pour le motif, par exemple, qu'un évêque ne partageait pas les idées du gouvernement sur tel ou tel point. Si nous nous reportons par exemple, aux luttes du gallicanisme contre le Saint-Siège, au XVII<sup>e</sup> siècle, nous savons combien elles furent vives et avec quelle animation Louis XIV soutint les pré-

_____

. (1) Févret, *Traité de l'Abus*, I, VIII, p. 80.

tentions de la Couronne. Le clergé et même l'épiscopat étaient loin d'être unanimes sur cette question, dans le sens gallican. Les adversaires de ce que l'on a depuis appelé la doctrine des quatre articles, étaient si connus que lorsqu'on voulût préparer une assemblée du clergé qui trancherait la question, on eut bien soin de les prier de rester chez eux (1). Mais nulle part nous ne voyons qu'une saisie du temporel ait été la punition des membres de l'épiscopat hostiles à cette doctrine, et cela malgré le caractère absolu du pouvoir et malgré l'importance politique énorme que cette question avait aux yeux du roi.

2º Passons maintenant au pouvoir qui prononçait la saisie du temporel. L'ordonnance de Blois, rendue en mai 1579 nous édifie parfaitement à ce sujet. Après avoir rappelé, dans l'article 14, l'existence de cette pénalité pour les causes que nous avons vues plus haut, voici ce que dit le roi dans les articles 15 et 16.

Art. 15 : « Et néanmoins sur la fréquente plainte desdits ecclésiastiques contre nos officiers, qui abusent des saisies par faute de non résidence des bénéficiers ; défendons à nos dits officiers de faire procéder par saisie du temporel des bénéfices, sinon après avoir averti le diocésain, ou le vicaire du bénéficier titulaire, auquel ils bailleront délai compétent, pour le lui faire entendre, ou faire apparoir de dispense de non résidence ».

Art. 16 : « Pareillement défendons très expressément

_______________

(1) *L'infaillibilité pontificale,* par l'abbé Lesmayoux, p. 66.

à tous sieurs hauts justiciers, et leurs officiers, de saisir ou faire saisir les biens et revenus desdits ecclésiastiques, sous prétexte de la non résidence des dits bénéficiers ou de réparations non faites : ainsi seront icelles saisies faites esdits cas, et autres par nos officiers seulement, *à la requeste de nos procureurs généraux ou leurs substituts.* Auxquels néanmoins défendons de procéder à telles saisies et de vexer et travailler les bénéficiers sans raison et apparence ».

Ce n'était donc ni les agents de l'Administration, ni les justices seigneuriales quelqu'élevées qu'elles fussent, qui pouvaient prononcer la saisie du temporel. Le roi luimême s'interdisait en principe de le faire ; sans doute réunissant en ses mains tous les pouvoirs, il le pouvait et il le faisait dans certains cas, mais c'était tout à fait exceptionnel et réservé aux mesures générales comme celle prise par Charles VI en 1407 et dont nous avons parlé plus haut.

C'était à la requête des procureurs généraux ou de leurs substituts que la saisie pouvait être prononcée par les Parlements et Cours souveraines. On voit que cette pénalité bien loin d'être abandonnée à l'arbitraire, ne pouvait être prononcée que par un corps indépendant, la magistrature, après une sommation faite et à la suite d'un procès et d'un jugement où l'intéressé pouvait en toute liberté, présenter sa défense. Eh bien, nous demandons, s'il est possible de fonder sur une institution aussi régulière et aussi limitée, le droit que l'on veut reconnaître aujourd'hui à l'Etat.

Pour rattacher d'une manière plus directe et plus convaincante, le droit de saisie actuel à celui qui existait autrefois, il a été produit récemment, un argument nouveau dont personne jusque-là, y compris M. Dupin, n'avait soupçonné la valeur. C'est, croyons-nous, dans une note du directeur général des cultes, M. Flourens, « sur les droits de l'Etat en matière de suppression, par voie disciplinaire, des traitements ou allocations des titulaires ecclésiastiques » que cet argument a, pour la première fois, été mis au jour. Il consiste à invoquer en faveur du droit de l'Etat, l'article 16 du Concordat qui est ainsi conçu : « Sa Sainteté reconnaît dans le premier Consul de la République française, les mêmes droits et prérogatives dont jouissait auprès d'elle l'ancien gouvernement ».

En lisant ce texte si simple, sans aucune prévention, il paraît évident qu'il fait allusion aux droits et privilèges honorifiques dont jouissait *auprès du Saint-Siège* l'ancienne monarchie française, c'est-à-dire droit d'envoyer et de recevoir un ambassadeur, privilèges spéciaux de la cour de France à Rome, par exemple celui d'avoir un auditeur de Rote, enfin et surtout droit de « nomination » aux évêchés et autres dignités ecclésiastiques.

Mais la note précitée interprétant d'une façon un peu judaïque, les termes de l'article 16, prétend que Napoléon a voulu se faire reconnaître les droits des anciens rois de France, *en matière ecclésiastique* et par conséquent celui de saisie du temporel comme les autres. Nous ferons à cette argumentation deux réponses. La première, c'est que les mots *auprès d'elle* (Sa Sainteté) qui figurent dans l'article 16 indiquent bien qu'il s'agit des rapports du premier Consul avec le Saint-Siège et non des pouvoirs du gouvernement sur les ecclésiastiques français. Le droit de nomination rentre dans ces rapports, mais nullement le droit de saisir les traitements. Voilà pour le texte de l'article 16.

Quant à la signification générale que pouvaient avoir les mots « droits et prérogatives » dans l'esprit des rédacteurs de l'article 16 et de ses signataires, nous sommes également édifiés. En effet, cette expression n'était pas nouvelle, elle avait cours depuis longtemps dans les ordonnances et dans les ouvrages relatifs aux matières ecclésiastiques. Les rédacteurs du Concordat ont fait ce que devaient faire les rédacteurs du Code civil et de tous nos Codes : lorsque des expressions existaient toutes faites et très connues dans nos vieux auteurs ou dans nos anciennes ordonnances, ils les ont prises dans la même signification. C'est ainsi qu'on éclaire bien des textes qui nous paraissent à juste titre, archaïques, en les rapprochant de nos anciens auteurs et des ordonnances de nos rois.

Or, si nous ouvrons Févret, l'auteur bien connu du *Traité de l'Abus*, le défenseur résolu des droits de la Couronne. Voici ce que nous lisons, à la page 81 : « *Quant aux droits et prérogatives* d'honneur accordez à nos roys, ou par eux réservez par les titres de leurs grandes et royales fondations, *ils consistent en la nomination aux Evêchez*, abbayes et autres bénéfices consistoriaux..... ». Il convient d'observer que l'auteur a déjà traité dans le paragraphe précédent, du droit de saisie du temporel, qui était par conséquent, bien distinct, à ses yeux, des « droits et prérogatives ». Nous sommes donc autorisés, croyons-nous, à ne tenir aucun compte de cet argument récemment découvert, qui après avoir repoussé la signification toute naturelle de l'article 16, pour se retrancher dans la stricte interprétation de ses termes, finit par ne plus trouver en eux, au lieu de l'appui dont il se prévalait, que sa condamnation définitive.

On veut encore fonder le droit de saisie des traitements ecclésiastiques, sur les décrets du 17 novembre 1811, et du 6 novembre 1813, qui empruntent, nous dit-on, une autorité toute spéciale à cette circonstance que leur auteur est le même législateur qui signa le Concordat.

Le décret du 17 novembre 1811 prévoit les deux cas où un titulaire ecclésiastique est éloigné de son service soit pour cause de maladie, soit pour cause *d'inconduite*. Dans les deux cas, le *remplaçant* touchera le traitement du remplacé, mais lorsque la cause de l'éloignement est la maladie, le remplacé conservera une partie de ce traitement.

Le décret du 6 novembre 1813 explique ce qu'il faut entendre par « éloignement d'un titulaire ecclésiastique pour cause d'inconduite ». Un ecclésiastique peut être éloigné du service : 1° par suite d'une peine canonique telle que la suspension ; 2° *par mesure de police*. Ces derniers mots, dit-on, donnent bien au gouvernement le pouvoir d'éloigner un ecclésiastique et par conséquent, de supprimer son traitement.

Cette conclusion que l'on prétend tirer du décret du 17 novembre 1813 n'est guère satisfaisante. Car enfin, il faut bien s'entendre sur la signification des mots : *par mesure de police*. « Ces mots signifient-ils, comme on le prétend, dit l'éminent M. Batbie, que l'administration ait le pouvoir discrétionnaire d'éloigner un prêtre d'une commune, lorsqu'elle n'a pas le droit d'en expulser un habitant ordinaire ? » Ces mots signifient-ils, dirons-nous à un autre point de vue, que l'administration ait le pouvoir discrétionnaire de révoquer un ecclésiastique, alors qu'elle n'a pas le droit de révoquer un magistrat, ni un officier ? Et si l'on recule devant ces exhorbitantes prétentions, que reste-t-il des conséquences que l'on voulait tirer du décret de 1813 ? Du reste pourquoi chercher une explication si compliquée et si ambiguë des mots : « éloignement par mesure de police » contenus dans ce décret, alors qu'il en est une toute naturelle. Au lieu de supposer que le législateur de 1813 a voulu donner par cette simple expression, assez vague en elle-même, un droit si exhorbitant à l'administration, pourquoi ne pas y voir simplement une allusion *au cas où un ecclésiastique est sous le coup d'une poursuite judiciaire*. C'est l'explication qui paraît évidente, à la première lecture de l'article 27 du décret de 1813 et l'on ne voit pas du tout le motif qui la ferait écarter.

Ces deux décrets de 1811 et de 1813 ne parlent du reste nullement, qu'on le remarque bien, du droit de retenue des traitements ecclésiastiques au profit du Trésor, que l'on voudrait cependant fonder sur eux. Ces décrets supposent deux faits qui sont en opposition formelle avec la théorie actuelle du Conseil d'État. Ils supposent d'abord, que l'ecclésiastique a été *éloigné* de ses fonctions soit pour, cause de maladie, soit pour cause de suspension canonique, soit par suite d'une poursuite correctionnelle ou criminelle. Ces trois cas supposent nécessairement que l'*éloignement*, c'est-à-dire la cessation des fonctions sacerdotales ou épiscopales, est réel. Mais l'administration prive aujourd'hui de leur traitement des ecclésiastiques qui n'ont nullement été éloignés de leurs fonctions.

En second lieu, et comme nous le disions plus haut, ces décrets ne prononcent pas la retenue au profit du Trésor des traitements des ecclésiastiques éloignés de leurs fonctions ; ils les affectent au contraire à leurs remplaçants, ce qui n'est pas tout à fait identique. Ces décrets nous paraissent donc devoir être écartés.

Reste une dernière objection contre notre théorie qui refuse au Gouvernement le droit de saisie des traitements ecclésiastiques. Bien qu'étrangère au domaine purement juridique, elle n'en aurait pas moins sa valeur, si elle était fondée. Vous allez, nous dit-on, désarmer entièrement l'Etat, qui ne pourra plus réprimer les actes d'hostilité des membres du clergé ?

A cela, nous répondons : non, le Gouvernement n'est pas désarmé. Le législateur de 1810, le même que celui de 1801, a prévu cette hostilité de la part du clergé, et il a armé contre elle, le Gouvernement, par les articles 199 à 208 du Code pénal, formant ensemble une section intitulée :

« Des troubles apportés à l'ordre public par les ministres du culte, dans l'exercice de leur ministère ». Les quatre paragraphes de cette section traitent : le premier, des contraventions propres à compromettre l'état civil des personnes ; le second, des critiques, censures ou provocations dirigées contre l'autorité publique dans un *discours* pastoral prononcé publiquement ; le troisième, des critiques, censures ou provocations dirigées contre l'autorité publique dans un *écrit* pastoral ; enfin le quatrième, de la correspondance des ministres des cultes avec les cours ou puissances étrangères, sur des matières de religion. D'autres dispositions pénales contre les ministres des cultes, sont éparses dans nos codes. En outre, les ministres du culte, sont soumis comme les autres citoyens, à la loi pénale, et dès lors l'Etat n'est pas désarmé contre eux.

Notre conclusion est donc celle-ci : l'administration n'a pas le droit de saisir le traitement des évêques, ni celui des ecclésiastiques, et cela parce que : 1º le droit de saisie du temporel qui existait sous l'ancien régime, n'avait pas les mêmes caractères que celui qu'on veut attribuer aujourd'hui au Gouvernement ; 2º parce que ni l'article 16 du Concordat, ni les décrets du 17 novembre 1811 et du 6 novembre 1813 n'autorisent cette prétention de l'État ; 3º enfin, parce que le Gouvernement trouvera dans nos lois pénales une arme suffisante contre les actes d'hostilité du clergé (1).

______

(1) Le Conseil d'Etat adopte actuellement la solution contraire. V. notamment les arrêts des 26 avril 1883 et 1er février 1889. Mais le Conseil d'Etat reconnait au ministre des cultes seul, et non aux préfets, le droit de prononcer cette saisie. Arrêt du 1er février 1882.

3° *Le traitement des évêques, comme celui des ecclésiastiques, est-il insaisissable vis-à-vis des tiers ?*

La question est tranchée depuis longtemps. Un arrêté consulaire du 18 nivôse an **XI** a déclaré insaisissables pour le tout, les traitements ecclésiastiques, pour ce motif que l'intérêt public qui exige l'accomplissement des fonctions sacerdotales, doit passer avant les intérêts particuliers.

C'est là une exception remarquable. Le traitement des fonctionnaires de tout ordre est en général saisissable dans une certaine mesure. L'article 580 du Code de procédure et la loi du 21 ventôse an **IX** ont déterminé et appliqué ce principe.

Inutile d'ajouter que si les traitements ecclésiastiques sont insaisissables, ils sont à plus forte raison, incessibles. Un évêque pas plus qu'un prêtre, ne pourrait valablement s'engager à abandonner à un tiers, tout ou partie de son traitement qui n'est pas encore échu.

4° *Quotité des traitements épiscopaux.* — L'article 14 de la convention de messidor portait : « Le gouvernement assurera un traitement convenable aux évêques et aux curés dont les diocèses et les paroisses seront compris dans la circonscription nouvelle ».

Le Souverain Pontife s'en était donc remis à la loyauté du premier Consul et de ses successeurs, pour la fixation d'un traitement *convenable*.

Voyons d'une façon aussi succincte que possible, comment les divers gouvernements que nous avons eus depuis 1804, ont compris leur obligation à cet égard.

A. Archevêques et évêques. — a) *Traitements proprement dits.* — La loi du 18 germinal an X, publiée le même jour que le concordat, fixait le traitement des archevêques à 15,000 francs et celui des évêques à 10,000 francs.

Sous la Restauration, ces chiffres furent élevés à 25,000 pour les archevêques et à 20,000 pour les évêques, mais la loi des finances de 1831 les ramena au taux fixé par la loi de germinal. L'archevêque de Paris continua néanmoins de toucher 25,000 francs, et en 1835, un décret du 25 janvier porta le traitement des évêques à 12,000.

La loi de budget du 8 juillet 1852 donna aux archevêques ou aux évêques résidant dans les centres importants de population un supplément de 3,000 francs, ce qui portait en réalité la quotité du traitement à 15,000 ou à 18,000 francs, suivant qu'il s'agissait d'un évêque ou d'un archevêque, résidant dans un grand centre.

La loi budgétaire du 23 juin 1857, inscrivit un traitement de 50,000 francs pour l'archevêque de Paris, de 30,000 francs pour l'archevêque d'Alger, de 20,000 pour les autres archevêques et de 15,000 pour tous les évêques.

Ces chiffres ont subsisté jusqu'en 1879. La loi de finances de cette année est revenue à ceux fixés par la loi de l'an X. Toutefois elle faisait exception pour l'archevêque de Paris qui recevait 45,000 francs, pour l'archevêque d'Alger : 20,000 francs et pour les évêques de Constantine et d'Oran : 12,000 francs.

Enfin la loi du 21 mars 1887 a fait disparaître ces exceptions et réduit le traitement des archevêques et des évêques, d'une façon absolue à 15,000 et à 10,000 francs.

b) *Suppléments de traitements.*

L'ordonnance du 12 septembre 1819 et celle du 3 août 1825 décidaient qu'une indemnité de 300 francs pour frais d'information et une autre de 3.333 fr. 33 c. pour frais d'expédition des bulles, seraient allouées aux évêques nommés. Les évêques avaient également droit, tous les ans, à une indemnité pour frais de visites diocésaines, qui s'élevait à 1.000, ou à 1.500 francs, suivant que le diocèse comprenait un ou deux départements. Une circulaire ministérielle du 10 février 1834, exigea pour le paiement de cette indemnité, qu'il fût justifié par les évêques, que leurs visites avaient été faites, en d'autres termes que, conformément à l'article 22 de la loi du 18 germinal an X, le cinquième de leur diocèse ait été visité.

Enfin un décret du 12 octobre 1857 accordait aux archevêques et évêques les indemnités suivantes pour frais d'installation. Un évêque nouvellement institué recevait 10.000 francs. Un évêque transféré sur un autre siège épiscopal ou archiépiscopal recevait 4.000 ou 5.000 francs suivant les cas ; enfin un ecclésiastique directement promu à un archevêché avait droit à 15.000 francs. La loi de budget du 29 décembre 1883 a supprimé toutes ces allocations, et les évêques ne reçoivent aucune indemnité pour frais d'expédition de bulles, ni pour frais de premier établissement. Exception est faite seulement pour les évêques nommés dans les colonies. C'est alors le budget des colonies et non celui des cultes, qui alloue aux nouveaux titulaires l'indemnité de 3.333 fr. 33 c. pour frais d'expédition de bulles ; mais il n'y a pas, même pour les évêques des colonies, d'indemnité pour frais de premier établissement.

B. Cardinaux. — Presque au lendemain de la loi de l'an X, un arrêté consulaire du 7 ventôse an XI décidait qu'une indemnité de 45,000 francs serait due à chaque cardinal français nouvellement promu, pour frais d'installation, ainsi qu'une indemnité annuelle de 30,000 francs, pour lui permettre de tenir son rang. Cette somme de 30,000 francs pouvait se cumuler avec tout autre traitement.

L'ordonnance du 21 octobre 1830 rapporta ce décret de l'an XI, mais la loi de finances de 1836 y revenait et concédait à nouveau l'indemnité de 45,000 francs pour frais de première installation et un traitement supplémentaire de 10,000 francs (au lieu de 30,000 francs) pouvant se cumuler avec toute autre indemnité annuelle. La loi du 28 décembre 1880 a supprimé ce traitement supplémentaire de 10,000 francs et celle du 29 décembre 1883 a supprimé l'allocation de 45,000 francs pour frais d'installation.

Telle est, à l'heure actuelle et après bien des modifications, la situation budgétaire des membres de l'épiscopat français. On peut dire que d'une façon générale, et sauf de rares et courtes exceptions, fondées sur des raisons exclusivement politiques, tous les gouvernements qui s'étaient succédés sur notre pays depuis la loi du 18 germinal an X, y compris l'auteur lui-même de cette loi, avaient reconnu insuffisantes, les indemnités de 15.000 et de 10.000 francs. Notre législateur actuel a cru devoir revenir à ces chiffres primitifs.

La raison toujours invoquée par les divers promoteurs de ces réductions budgétaires, a été qu'il fallait revenir aux engagements stricts du *Concordat*, et que par le *Concordat*, le gouvernement avait seulement promis 15.000 francs aux archevêques et 10.000 francs aux évêques. Inutile de faire encore une fois remarquer, que le Concordat ne fixait aucun chiffre, mais exigeait un traitement *convenable*, et que c'est seulement dans la loi du 18 germinal an X, qui n'est autre chose qu'une loi ordinaire, que les chiffres de 15.000 et de 10.000 francs ont été fixés. Ils avaient pu paraître *convenables* au législateur de l'an X et cela peut se comprendre, si l'on songe que l'argent avait, en 1802, trois fois plus de valeur que de nos jours. Mais des lois postérieures ont estimé que ces chiffres n'étaient pas suffisants ; elles les ont élevés soit d'une façon annuelle et permanente, soit par voie d'allocations exceptionnelles d'expédition de bulles, d'information, d'installation, de visites diocésaines etc., ces lois avaient autant de valeur, à nos yeux, que celle de l'an X, et nous ne voyons pas très bien pourquoi l'on s'est réclamé de la première pour abroger les autres.

# CHAPITRE II

## NOMINATION DES ÉVÊQUES.



**§ 1.— Droits respectifs du gouvernement français et du Souverain Pontife.**

Deux puissances concourent aujourd'hui à la promotion d'un ecclésiastique français à l'épiscopat : le pouvoir civil représenté par le chef de l'Etat et le pouvoir spirituel dans la personne du Souverain Pontife.

Cet usage s'est établi d'une façon définitive et régulière en France, avec le concordat de 1516, conclu entre Léon X et François 1er. La pragmatique sanction de Bourges, élaborée et rédigée sous l'inspiration du roi Charles VII, en 1438, prescrivait encore le système électif : « Le concile renouvelle qu'il soit pourvu par la voie de l'élection aux évêchés et à toutes les dignités... Pour arracher la racine de l'ambition, le saint Synode, par les entrailles de la miséricorde de Jésus-Christ, exhorte instamment les rois et les princes, les communautés et les dignitaires, soit ecclésiastiques, soit séculiers, de n'user ni des prières, ni des menaces, ni de quoi que ce soit qui puisse porter atteinte à la liberté des élections ; et il ordonne aux électeurs, en vertu de la sainte obéissance, de ne se laisser émouvoir ni aux prières, ni aux menaces. L'élection faite, elle sera soumise à celui qui doit la confirmer... »

Voici, au contraire, comment s'exprimait le chef de l'Eglise, dans le Concordat de 1516 : «... Doresnavant ès églises cathédrales et métropolitaines, ès dicts royaume, Dauphiné et comté Valentinois, vaccans à présent et au temps advenir, les chapitres et chanoines d'icelles églises ne pourront procéder à l'élection ou postulation du futur prélat. Ainsi telle vacation occurrente, le roy de France sera tenu nous présenter et nommer, et à nos successeurs évesques romains, un grave et scientifique maître ou licencié en théologie, ou docteur ou licencié en tous ou l'un des droits, en université fameuse, avecques rigueur d'examen, et ayant vingt et sept ans pour le moins, et autrement idoine, dedans six mois à compter du jour que les dictes églises vaqueront ».

Les articles 4 et 5 du Concordat de 1801, se réfèrent à celui de 1516 :

ART. 4 : Le premier consul de la République nommera, dans les trois mois qui suivront la publication de la bulle de sa Sainteté, aux archevêchés et évêchés de la circonscription nouvelle. Sa Sainteté conférera l'institution canonique, suivant les formes établies par rapport à la France, avant le changement de gouvernement.

ART. 5 : Les nominations aux évêchés qui vaqueront dans la suite seront également faites par le premier consul, et l'institution canonique sera donnée par le Saint Siège, en conformité de l'article précédent.

Ainsi donc, pour l'élévation d'un ecclésiastique à un évêché, comme aussi pour la promotion d'un évêque à un archevêché, le concours des deux pouvoirs spirituel et civil est nécessaire. La nature du concours de chacune de ces deux puissances est des plus simples à établir: c'est le Pape qui donne l'*investiture*, en d'autres termes qui investit le nouveau prélat de sa fonction, lui en confère le pouvoir, lui en confie l'exercice. D'autre part, c'est le chef de l'Etat qui intervient pour reconnaître et pour autoriser l'exercice de cette fonction. Telle est, croyons-nous, quand on va au fond des choses, la nature du concours qui revient à chacun des deux pouvoirs dans la promotion d'un ecclésiastique à l'épiscopat. Le rôle prépondérant, essentiel, revient, cela n'est pas douteux, au Souverain Pontife. Lui seul peut faire un évêque. Qu'arriverait-il si un désaccord violent, complet, se produisait entre lui et le gouvernement? Le Pape n'en aurait pas moins le droit, comme chef de l'Eglise, de nommer et de donner l'investiture à un évêque. Cet évêque serait, bien entendu, inconnu pour la loi civile, qui ne sanctionnerait plus aucune de ses attributions, il pourrait même être persécuté, cela s'est vu sous la grande révolution, mais il n'en serait pas moins évêque aux yeux de l'Eglise et des fidèles.

Au contraire le gouvernement aurait beau « nommer » un ecclésiastique, évêque, lui assigner tel diocèse, cette « nomination » serait sans effet parce qu'elle est sans cause, le gouvernement n'ayant aucune qualité pour faire un évêque. Voilà pourquoi, nous nous permettons de trouver inexacts, à cause de la signification qu'ils ont dans notre langage moderne, les mots « nommer », « nomination » donnés à l'acte du gouvernement, en cette matière. Ce mot qu'on le remarque bien, a été copié dans le concordat de 1516 auquel les articles 4 et 5 de la Convention de messidor se réfèrent. Mais dans notre vieille langue française et notamment en 1516 le mot « nommer » avait sa signification latine qui en faisait un synonyme de « présenter ». La preuve en est que dans le concordat de 1516 ces deux mots sont mis à côté l'un de l'autre par une de ces redondances familières à la langue latine et que ne réprouvait pas non plus, notre vieux français : « Le roy de France, y lisons-nous, sera tenu nous *présenter et nommer, et à nos successeurs* évesques romains... »

Aujourd'hui au contraire, par une altération de langage, « nommer » veut dire investir, donner pouvoir. Ainsi lorsqu'on dit que le gouvernement vient de nommer un préfet, on veut dire par là qu'il l'a investi d'une fonction, de la fonction et des pouvoirs de préfet.

Nous nous serions bien gardés d'insister sur une pure discussion de mots, si elle n'avait pas prêté à équivoque et si le gouvernement français n'avait engagé à son sujet de longs pourparlers avec la cour romaine, ainsi que nous le verrons bientôt.

Mais nous nous refusons, pour notre part, à attacher le moindre intérêt pratique à cette discussion à laquelle on s'est livré, sur les mots « nommer » et « présenter », étant donnée surtout la manière dont les choses se passent, en réalité. Tout le monde sait que lorsqu'un siège épiscopal vient à vaquer, des pourparlers s'engagent entre le ministère des cultes et la nonciature. Ce n'est que lorsque l'accord est fait sur le candidat, que le gouvernement français « présente et nomme » officiellement l'ecclésiastique, au Souverain Pontife.

Le seul point à retenir est donc le caractère de l'intervention de l'Église et de l'État dans cette nomination. Nous l'avons défini plus haut.

### § 2. — Conditions requises.

1° *Nationalité.* — Aux termes de l'article 16 de la loi organique : « On ne pourra être nommé évêque... si l'on n'est *originaire* français ».

Un ecclésiastique étranger, naturalisé français, ne peut donc pas être promu à l'épiscopat, en France. Cette disposition est renouvelée de nos anciennes ordonnances, et notamment d'un Édit porté par Charles VII en 1431, confirmé successivement par Louis XII, François Ier, enfin par l'ordonnance de Blois dont l'article 5 porte : « Aucun ne pourra être pourvu d'évêché, ni d'abbaye de chef d'ordre, soit par mort, résignation ou autrement, qu'il ne soit originaire français, nonobstant quelque dispense ou quelque clause dérogatoire qu'il puisse obtenir ».

2° *Age.* — Le même article 16 qui exige une origine française, impose aussi l'âge de 30 ans. Le concordat de 1516 et l'ordonnance de Blois, en 1580, exigeaient seule-

ment l'âge de 27 ans. On trouve l'âge de 30 ans requis
dans l'ordonnance d'Orléans en 1561.

3° *Capacité*. — L'ordonnance de Blois, du 25 janvier
1580, contenait les dispositions suivantes sur ce sujet :
« Déclarons que advenant vacation des archevêchés, évêchés, abbayes, prieurés et autres bénéfices étant à notre
nomination, nous n'entendons nommer sinon personnes
d'âge, prudhomie, suffisance et autres qualités requises
par les saints décrets et constitutions canoniques et concordats, et afin qu'il soit plus mûrement par nous pourvu
au fait desdites nominations, ne sera à l'avenir par nous
nommé à aucun des dits bénéfices, sinon un mois après la
vacation d'iceux, et encore, auparavant la délivrance de
nos lettres de nomination, que nous avons accoutumé
faire, seront les noms des personnes, envoyés à l'évêque
diocésain du lieu où elles auront fait leurs demeure et résidence les cinq dernières années précédentes ; ensemble
aux chapitres des églises et monastères vacants, lesquels
informeront respectivement de la bonne vie, mœurs, re-
nommée et conversation catholique des dits nommés, et
de tout feront bons procès-verbaux, qu'ils nous enverront
clos et scellés le plus tôt que faire se pourra. Ceux que
nous voudrons nommer aux dits archevêchés et évêchés
seront âgés de 27 ans pour le moins, et encore, avant l'expédition de nos lettres de nomination, examinés sur leur
doctrine aux saintes lettres, par un archevêque ou évêque
que nous commettrons, appelés deux docteurs en théologie, lesquels enverront leur certificat de la suffisance ou

incapacité des dits nommés, et au cas où, tant par les dites informations que examens, ils ne se trouveraient pas être de *vie, mœurs, âge, doctrine* et *suffisance requise*, sera par nous procédé à la nouvelle nomination d'autres personnes de la vie, mœurs et doctrine desquels sera informé et requis comme dessus ».

Ce texte n'est du reste pas le seul, sur cette matière, mais c'est peut-être celui qui précise le mieux les qualités *morales* et *intellectuelles*, qu'on exigeait des évêques sous l'ancienne monarchie.

L'article 17 de la loi de l'an X s'est inspiré de l'ordonnance de Blois et a reproduit en substance ses mêmes dispositions : « Avant l'expédition de l'arrêté de nomination, dit la loi, celui ou ceux qui seront proposés seront tenus de rapporter une *attestation de bonne vie et mœurs*, expédiée par l'évêque dans le diocèse duquel ils auront exercé les fonctions du ministère ecclésiastique, et ils *seront examinés sur leur doctrine* par un évêque et deux prêtres qui seront commis par le premier Consul, lesquels adresseront le résultat de leur examen au conseiller d'Etat chargé de toutes les affaires concernant les cultes ».

La loi du 23 ventôse an XII sur l'établissement des séminaires, vint préciser les conditions de capacité qui seraient exigées des ecclésiastiques proposés pour l'épiscopat. L'article 4 de cette loi qui n'a jamais été abrogée, porte : « A l'avenir, on ne pourra être nommé évêque, vicaire général, chanoine ou curé de première classe, sans avoir soutenu un exercice public et rapporté un certificat de capacité sur tous les objets énoncés en l'article 2 ». Et l'article 2, auquel renvoie l'article 4 : « On y enseignera (dans les séminaires) la morale, le dogme, l'histoire ecclésiastique et les *maximes de l'Eglise gallicane* ; on y donnera les règles de l'éloquence sacrée ».

Enfin l'article 2 de l'ordonnance du 25 décembre 1830 dispose que « nul ne pourra être nommé archevêque ou évêque... s'il n'a obtenu le grade de licencié en théologie, ou s'il n'a rempli, pendant quinze ans, les fonctions de curé ou de desservant ». De toutes ces dispositions législatives sur les qualités morales et intellectuelles des ecclésiastiques proposés pour l'épiscopat, il n'en est pas une qui ne soit aujourd'hui et depuis longtemps, tombée en désuétude. L'accomplissement de certaines, comme l'obligation d'apporter un certificat de bonne vie et mœurs, était pour le moins assez choquant ; d'autres se sont heurtées au sentiment d'union de l'église de France au Saint-Siège, comme l'acceptation des quatre articles de 1682 ; d'autres enfin ont paru à juste raison, inutiles. Tout se passe donc aujourd'hui, en négociations entre la nonciature et le ministère des cultes ; ces négociations doivent, de part et d'autre, avoir pour but de procurer à l'église de France les évêques les plus distingués par leurs mérites et leur savoir.

4° *Enregistrement des bulles d'institution canonique.*

« Le prêtre nommé par le premier Consul, lisons-nous dans l'article 18 de la loi de germinal, fera les diligences pour rapporter l'institution du Pape. Il ne pourra exercer aucune fonction, avant que la bulle portant son institution

ait reçu l'attache du gouvernement..... ». Cet article 18
est lui-même la conséquence de l'article 1ᵉʳ qui exige l'autorisation du gouvernement pour la publication et la mise
à exécution des bulles, brefs et autres actes de la cour romaine.

Le décret de nomination est du reste officiellement com-
muniqué au Pape, par le chef de l'Etat, souvent même par
lettre autographe.

Si le Souverain Pontife accorde les bulles d'investiture
et si le Gouvernement en accepte l'enregistrement en Conseil d'Etat, tout se sera passé sans difficultés. Mais deux
complications peuvent se produire.

*Première complication* : Le Souverain Pontife a accordé
les bulles d'institution canonique, mais le Gouvernement
refuse de les laisser enregistrer à cause des termes dans
lesquels elles sont conçues.

Le fait s'est produit en 1871 à l'occasion des bulles d'investiture pour les évêques nommés de Limoges, de Quim-
per et de Belley. Le mot « *præsentare* » y avait remplacé
le mot « *nominare* ». Sur les réclamations de l'ambassadeur de France, le cardinal Antonelli, secrétaire d'Etat,
reconnut que c'était une simple erreur de rédaction. Quelques mois plus tard, et à l'occasion des bulles d'institution
canonique destinées aux archevêques de Paris, Tours, Auch
et à l'évêque de Rodez, le Gouvernement éleva les mêmes
réclamations parce que les bulles portaient « *nobis nominavit* » au lieu du seul mot « *nominavit* » que demandait
le Gouvernement.

Mais le cardinal Antonelli refusa de se conformer au désir du Gouvernement, en se fondant sur tous les précédents, notamment sur le Concordat de François I⁰ʳ (1), et sur les lettres autographes des souverains français, du président de la République lui-même, qui portaient : « Nous nommons et présentons à votre Sainteté » expression qui ne pouvait être plus fidèlement traduite dans les bulles qu'ainsi : « *nobis nominavit et præsentavit* ».

Du reste, ajoutait le cardinal, le Saint-Siège ne cherche nullement à diminuer le droit du gouvernement français, contre lequel il n'a jamais élevé aucune contestation, ni réclamation.

M. Jules Simon, ministre des Cultes, se rendit à ces explications et les bulles furent enregistrées avec la formule d'usage : « ladite bulle d'institution est reçue sans approbation des clauses, formules ou expressions qu'elle renferme, et qui sont ou pourraient être contraires aux lois du pays, aux franchises, libertés et maximes de l'Eglise gallicane ».

*Deuxième complication* : Il peut arriver que le Saint-Siège refuse les bulles d'institution canonique, à cause de circonstances d'une gravité exceptionnelle. Pour ne pas remonter plus haut, Napoléon 1⁰ʳ après avoir dépouillé Pic VII de ses États et l'avoir emprisonné à Savone (2), s'aperçut que ce vieillard désarmé pouvait encore lui ré-

(1) Voir page 150 ci-dessus.
(2) On se rappelle que l'animosité de l'Empereur était née du refus du Souverain Pontife d'annuler le mariage de Jérôme avec Mademoiselle Patterson, mariage qui n'était entaché d'aucune cause de nullité.

sister. Le Pape refusait en effet de donner l'investiture aux évêques nommés par celui qu'il avait quelque raison de considérer comme son persécuteur. L'empereur donna l'ordre aussitôt, d'assembler un concile national pour trancher cette difficulté. Les évêques réunis à Paris en 1811, décidèrent au gré de l'empereur, que si dans les six mois à dater de la notification de la nomination, le Pape n'avait pas donné l'investiture, ce serait au métropolitain ou à son défaut, au plus ancien évêque de la province à la conférer. Le prisonnier de Savone, signa le 20 septembre, les décisions du concile de 1811 et Napoléon les inséra dans le Concordat de Fontainebleau publié le 25 janvier 1813. Il n'entre pas dans le caractère de notre étude d'examiner et de juger la valeur du concile de 1811 et de la ratification de Pie VII, ratification contre laquelle protesta du reste le Souverain Pontife, dans une lettre à l'empereur du 24 mars 1813.

Ce qui nous paraît hors de doute, c'est que ces dispositions du concile de 1811 ayant été sanctionnées seulement dans le Condordat de 1813, ont dû fatalement en partager le sort.

Qui pourrait soutenir aujourd'hui, que ce concordat est resté en vigueur ? De ce qu'aucun texte postérieur n'est venu en prononcer l'abrogation formelle, s'ensuit-il que le consentement tacite mais évident de tous les gouvernements qui ont suivi, n'ait pas suffi pour lui enlever toute vertu ? Nous nous refusons pour notre part, à ne pas voir dans cette désuétude complète dans laquelle est tombé ce prétendu concordat, une abrogation suffisante. Fait pour un empire et pour une situation qui ont disparu au lendemain de sa promulgation, et qui en étaient l'explication et le motif, il n'a pu leur survivre.

La décision du concile de 1811, d'après laquelle l'investiture donnée par le métropolitain peut remplacer celle du Pape, ne nous paraît donc pas être consacrée par notre législation actuelle. Est-il nécessaire d'ajouter que cette décision méconnaissait non seulement les articles 4 et 5 du Concordat de 1801 qui exigent le concours du gouvernement et du Saint-Siège pour la promotion aux évêchés, mais aussi la doctrine de l'Eglise catholique. Aussi craindrions nous fort, si un gouvernement voulait aujourd'hui s'en prévaloir, qu'il ne trouvât ni un métropolitain ni un évêque pour en tenter l'exécution.

5o *Serment.* — L'article 6 de la loi organique s'exprimait ainsi : « Les évêques, avant d'entrer en fonctions, prêteront directement, entre les mains du premier consul, le serment de fidélité qui était en usage avant le changement de gouvernement, exprimé dans les termes suivants : « Je jure et promets à Dieu, sur les saints Évangiles, de garder obéissance et fidélité au gouvernement établi par la constitution de la République française. Je promets aussi de n'avoir aucune intelligence, de n'assister à aucun conseil, de n'entretenir aucune ligue soit au dedans, soit au dehors, qui soit contraire à la tranquillité publique ; et si, dans mon diocèse ou ailleurs, j'apprends qu'il se trame quelque chose au préjudice de l'État, je le ferai savoir au gouvernement ».

Les évêques ont en effet prêté ce serment jusqu'à la fin du second empire. Le décret du 5-10 septembre 1870 releva tous « les fonctionnaires publics de l'ordre civil, administratif, militaire et judiciaire » de leur serment ; il abolissait en même temps, le serment politique. Bien que les évêques ne se trouvassent pas compris dans l'énumération de ce décret, le garde des sceaux dans la séance de la Chambre des députés, du 25 novembre 1876 et le Conseil d'État dans un arrêt du 28 avril 1883, ont reconnu que l'abolition du serment s'appliquait aux évêques comme aux fonctionnaires.

Nous n'avons pas à parler ici, du serment que les évêques prêtent au Pape, entre les mains du Nonce, à Paris.

6° *Consécration et installation.* — Enfin l'évêque nommé et préconisé, doit recevoir la consécration épiscopale qui seule, lui donnera les pouvoirs inhérents à l'ordre de l'épiscopat. Aux termes de l'article 13 de la loi organique, le prélat consécrateur doit être le métropolitain du siège auquel l'évêque est promu, ou à son défaut « le plus ancien évêque de l'arrondissement métropolitain ».

Ces prescriptions ne sont pas toujours observées.

§ 3. — Inamovibilité des évêques.

Elle n'est spécifiée nulle part, dans nos lois, mais tout le monde s'accorde à en reconnaître l'existence, et le caractère absolu vis-à-vis du gouvernement. Bien entendu cette inamovibilité ne soustrait nullement les évêques, aux poursuites correctionnelles et criminelles qui peuvent leur être intentées dans les termes du droit commun.

Mais si les évêques sont inamovibles vis-à-vis du gouvernement, d'une façon absolue il ne leur est pas défendu de donner leur démission.

A qui cette démission doit-elle être donnée ? A examiner cette question avec le simple bon sens, la réponse apparaît sans difficulté : Puisque deux pouvoirs concourent à la promotion à un siège épiscopal, ils doivent aussi tous les deux, concourir à rompre le lien qui attache le titulaire à ce siège, et par conséquent tous les deux doivent être également saisis de sa démission.

Cependant plusieurs auteurs, se fondant sur un arrêt du Conseil du roi, du 13 mai 1670, et sur une lettre ministérielle de 1828, prétendent que la démission doit être d'abord adressée au Gouvernement français qui la transmettra, s'il l'agrée, et par la voie diplomatique au Saint-Siège. Cette théorie reconnaît bien aux évêques le droit de supplier le Souverain Pontife, dans une lettre privée, d'accepter leur démission, mais non de lui transmettre officiellement cette démission.

Les motifs invoqués sont d'abord cette maxime de l'Eglise gallicane sanctionnée par les articles 207 et 208 du Code pénal, que les évêques n'ont pas le droit de correspondre directement avec le Pape, sans l'autorisation du ministre, et en second lieu que la nomination d'un évêque

par le Gouvernement ayant précédé son institution par le
Pape, sa démission doit être acceptée d'abord par celui-là,
avant de l'être par celui-ci. Ce dernier raisonnement ne
nous paraît pas d'une logique bien solide : nous ne voyons
pas trop en vertu de quel syllogisme rigoureux on décide
que la démission officielle doit passer tout d'abord par
les mains du gouvernement parce que la nomination a
précédé l'institution.

Quant aux articles 207 et 208 du Code pénal, ils sont en
effet aussi formels qu'inobservés et nous n'aurions qu'à
nous incliner devant eux, si ceux qui s'en prévalent n'é-
taient les premiers à les violer indirectement, en reconnais-
sant aux évêques le droit de « supplier le pape d'accepter
leur démission », avant même de l'avoir fait parvenir au
gouvernement. En somme, question de pure forme, qui
n'a guère à nos yeux, d'importance. Nous ferons simplement observer qu'un évêque ayant l'intention de démission-
ner, adressera difficilement sa démission officielle au gouvernement sans avoir au préalable, obtenu le consentement du Pape, et cela non seulement par convenance,
mais parce qu'à ses yeux, comme aux yeux de son clergé
et des fidèles, c'est au Pape, qui lui a confié la charge des
âmes de son diocèse, qu'il appartient de le relever de ses
obligations pastorales. Si le Pape refusait sa démission, l'é-
vêque serait toujours, en conscience, responsable de l'administration spirituelle du diocèse. Le gouvernement n'a,
au contraire, aucun moyen pour obliger un évêque, en re-
fusant sa démission, à continuer d'occuper le siège auquel
il a été promu.

# CHAPITRE III

## ATTRIBUTIONS DES ÉVÊQUES.

On divise généralement les attributions épiscopales, en attributions spirituelles et en attributions temporelles. Prise en elle-même, cette classification nous paraît défectueuse. Les évêques n'ont à proprement parler qu'une sorte d'attributions, puisque toutes sont une conséquence de leur mission pastorale.

Nous adopterons cependant la division commune, à cause de sa simplicité, nous bornant à faire observer que les évêques n'ont pas des attributions purement temporelles. Il en est qui touchent plus ou moins au domaine temporel, et c'est sur ce plus ou moins que nous fonderons notre distinction, mais aucune n'en ressort entièrement, car toutes sont spirituelles dans leur principe.

### SECTION I. — **Attributions spirituelles.**

On peut ranger dans cette première section les attributions qui appartiennent à l'évêque comme chef et représentant de son clergé et en second lieu, comme conservateur de la foi et de la discipline dans son diocèse.

§ 1<sup>er</sup>. — L'évêque considéré comme le chef et le
représentant de son clergé.

I. Le premier devoir d'un évêque, comme chef de son
clergé est de veiller à son recrutement.

L'article 11 du Concordat stipulait pour les évêques, le
droit d' « avoir… un séminaire pour leur diocèse, sans
que le gouvernement s'obligeât à le doter » ; et l'article 11
de la loi organique confirmait cette même faculté, en la
subordonnant à l'autorisation gouvernementale. Plus tard,
la loi du 23 ventôse an XII vint susciter elle-même la
fondation d'un grand séminaire, dans chaque arrondissement métropolitain et lui assurer une dotation convenable, sur les fonds du Trésor public. Mais comme il y avait
seulement dix arrondissements métropolitains, à cette époque, le nombre des grands séminaires était par trop restreint. On ne tarda pas à s'en apercevoir et le décret du
17 mars 1808 sur l'Université, supprima les séminaires
métropolitains et reconnut à chaque évêque diocésain le
droit d'avoir un grand séminaire. Il y a en effet aujour-
d'hui autant de grands séminaires que de diocèses.

Au début de la restauration on reconnut que le recrutement du clergé était devenu très difficile parce que « des
enfants qui avaient reçu une éducation brillante dans les
collèges ou dans les lycées, n'avaient guère le désir d'em-
brasser une carrière qui n'offre aucune ressource à l'ambition ». Portalis qui avait déjà donné cette raison, dans
un rapport adressé à l'empereur le 12 août 1806, aurait pu

ajouter que la première éducation donnée à un enfant, les exemples qu'il a sous les yeux lorsque son esprit et son cœur se développent, influent grandement sur sa vocation future. Quoiqu'il en soit, une ordonnance du 5 octobre 1814 donna aux évêques le droit d'établir dans leur diocèse des petits séminaires, ou écoles ecclésiastiques, dans le but d'instruire dans les lettres et les sciences les enfants qui se destinaient à l'état ecclésiastique.

Les évêques ont, bien entendu, la direction de leurs grands et petits séminaires. Ils en nomment et révoquent les professeurs. L'article 24 de la loi de germinal an X exigeait que les professeurs des séminaires déclarassent adhérer à la doctrine du clergé de France, de 1682. L'évêque devait envoyer leur adhésion au Ministre des cultes, et faire connaître, tous les ans, le nombre et les noms des jeunes gens qui se préparaient au sacerdoce dans son séminaire (article 25). Si ces prescriptions ont jamais été observées, il y a longtemps qu'elles ne le sont plus.

De toutes les questions qui s'élèvent au sujet des grands et des petits séminaires, nous n'en signalerons qu'une, parce qu'elle se rattache à une fonction spéciale de l'évêque. Nous voulons parler de la personnalité morale des séminaires et de l'acceptation des dons et legs qui leur sont faits.

Tout le monde est d'accord à reconnaître aux grands séminaires, la qualité de personnes morales, puisque plusieurs lois en ont consacré l'existence.

Il y a controverse pour les petits séminaires. Ceux qui

leur refusent la personnalité civile, leur reconnaissent cependant le droit d'emprunter celle des grands séminaires, qui absorbe la leur.

Pour leur refuser une personnalité distincte de celle des grands séminaires on fait valoir l'argument suivant qui ne manque pas de force : La loi seule peut créer des personnes morales ; or les petits séminaires existent en vertu, non pas d'une loi, mais d'une ordonnance (nous dirions aujourd'hui décret) émanée de Louis XVIII, en 1814. La Charte de 1814 réservait le pouvoir législatif au concours des chambres et du roi. Une ordonnance n'avait pas d'autre vertu que n'en a aujourd'hui un décret, et un décret n'a force de loi qu'autant qu'il est rendu dans les limites fixées par la constitution au pouvoir exécutif.

Mais la question est précisément de savoir si cette ordonnance n'a pas un fondement dans une loi antérieure, dont elle se serait bornée à promouvoir l'exécution. Nous ne voyons pas, quant à nous, pourquoi l'on se refuse à voir ce fondement légal dans le Concordat et dans la loi organique de germinal an X. L'article 11 de chacun de ces textes donne aux évêques le droit d'établir des *séminaires* dans leurs diocèces, avec l'assentiment du Gouvernement. Pourquoi restreindre ce mot « séminaire » aux seuls grands séminaires. « Séminaire » veut dire pépinière, maison où sont formés ceux qui se destinent au sacerdoce. Mais cette signification s'applique aussi bien aux petits qu'aux grands séminaires. A notre avis, l'ordonnance de 1814, loin d'innover, s'est bornée à constater qu'il était nécessaire pour le recrutement du clergé, d'établir une autre catégorie de séminaires, ne différant de ceux existant déjà, ni par le caractère, ni par le but, mais simplement par ce fait, qu'ils recevraient plus tôt, ceux qui se destinent au sacerdoce, pour leur donner l'enseignement littéraire et scientifique, avant l'enseignement théologique. Que l'ordonnance de 1814 ait considéré ces établissements comme de vrais séminaires, cela ne peut faire de doute ; une preuve caractéristique en est que l'article 3 prescrit à leurs élèves de prendre l'habit ecclésiastique, au bout de deux ans.

Cette ordonnance a donc, à nos yeux, force de loi puisqu'elle fait simplement application d'une loi antérieure, de la loi du 18 germinal an X.

Au reste, cette question a plutôt un intérêt théorique qu'un intérêt pratique. Tout le monde admet, en effet, que si les petits séminaires n'ont pas de personnalité propre et distincte, ils peuvent tout au moins emprunter celle des grands séminaires, à côté desquels ils se trouvent, comme des annexes. Dès lors une libéralité faite à un petit séminaire n'est pas caduque, même d'après la théorie que nous avons combattue tout à l'heure ; elle pourra être acceptée comme faite au grand séminaire.

L'épilogue de ce que nous venons de dire, sur la personnalité civile des séminaires et leur capacité de recevoir, c'est que toute libéralité entre vifs ou testamentaire, à eux faite, doit être acceptée par l'évêque (1). Cette acceptation

_________

(1) Art. 3, loi 2 avril 1817.

ne produira son effet, cela va sans dire, que si le gouvernement l'autorise (1).

II. Arrivé au terme de ses études philosophiques et théologiques, le jeune clerc reçoit de son évêque, les ordres sacrés. L'ordination des clercs est une des principales prérogatives de l'épiscopat ; elle rentre dans la catégorie des pouvoirs d'ordre, c'est-à-dire qu'un évêque sans diocèse, peut ordonner, avec, bien entendu, le consentement du diocésain.

Un évêque diocésain ne peut conférer les ordres à un clerc étranger à son diocèse, qu'en vertu de la permission de l'évêque du diocèse natal, permission qui se donne par lettres dimissoires, lettres diocésaines, ou lettres d'excorporation.

Les *lettres dimissoires* se bornent à conférer à un évêque le droit d'ordonner un clerc qui n'est pas natif de son diocèse. Par les *lettres diocésaines*, l'évêque du diocèse natal permet à un de ses clercs, ou ecclésiastiques, de prendre du service dans un autre diocèse, mais seulement pour un temps.

Les *lettres d'excorporation*, comme leur nom l'indique, rendent définitive l'affectation d'un prêtre à un autre diocèse que son diocèse natal.

L'évêque qui conférerait les ordres sacrés à un clerc étranger à son diocèse et non muni de l'une de ces trois lettres, s'exposerait à une peine canonique très sévère, la

(1) Art. 1, *id.*

suspension pour un an du droit de collation des ordres, et le clerc, suspendu « *ipso facto* », ne pourrait être relevé de son interdiction que par son évêque diocésain.

L'article 26 de la loi organique défendait aux évêques d'ordonner aucun ecclésiastique, s'il ne justifiait d'une propriété produisant au moins un revenu annuel de 300 francs, et s'il n'avait atteint l'âge de 25 ans. Ces deux dispositions ont été rapportées par le décret du 28 février 1810, comme des immixtions injustifiées dans le domaine ecclésiastique pur. Le même article ajoutait : « Les évêques ne feront aucune ordination, avant que le nombre des personnes à ordonner ait été soumis au gouvernement et par lui agréé », mais cette prescription n'est plus appliquée depuis longtemps.

III. Enfin, les prêtres une fois ordonnés et exerçant leur ministère, sont placés sous l'autorité de leur évêque. L'évêque est leur chef et leur représentant. Cela est vrai non seulement pour les prêtres nés dans le diocèse, mais pour ceux qui y exercent le ministère en vertu d'une lettre diocésaine ou d'excorporation. Il n'y a entre ces deux catégories aucune différence.

L'évêque est le chef de son clergé, soit au point de vue disciplinaire (1), soit au point de vue administratif. Il nomme et révoque à tous les emplois du ministère ecclésiastique et n'a besoin de l'assentiment du gouvernement que pour les curés de première classe, pour certains aumôniers, et pour ses vicaires généraux concordataires.

(1) Voir plus loin ce qui est relatif à la Juridiction ecclésiastique.

L'évêque est aussi le représentant et le défenseur naturel de son clergé. Il peut, à ce titre, poursuivre judiciaire-
ment les outrages publics adressés à tout ou partie de ses
membres. Un jugement du Tribunal de la Seine du 22 juin
1876, confirmé par un arrêt de la Cour de Paris, du 10 août
suivant, l'a formellement reconnu.

Nous ne pouvons mieux terminer ce paragraphe, qu'en
citant l'article 33 organique, qui en est la sanction générale : « Toute fonction est interdite à tout ecclésiastique,
même français, qui n'appartient à aucun diocèse ».

IV. *Pouvoirs de l'évêque sur les communautés religieuses.*
— L'évêque n'est pas seulement le chef et le représentant
de son clergé séculier. *Aux yeux de l'Etat*, il est aussi le
chef et le représentant des communautés religieuses d'hommes et de femmes, qui existent sur son diocèse.

L'article 10 organique dit en effet : « Tout privilège portant exemption ou attribution de la juridiction épiscopale
est aboli ». Deux observations sont ici, nécessaires. Tout
d'abord, lorsque nous parlons des rapports de l'évêque
avec les communautés religieuses, nous faisons allusion
seulement, aux congrégations reconnues. Les congrégations non reconnues n'existant pas devant la loi, leurs rapports avec l'évêque diocésain sont uniquement réglés par
le droit canonique, et par suite, échappent à notre examen.
Lorsqu'il s'agira de congrégations non reconnues composées de religieux, prêtres, ceux-ci seront aux yeux de la loi,
dans la même situation que des membres du clergé séculier vis-à-vis de leur évêque. Dans tout autre cas, les rap-

ports entre l'évêque et la congrégation seront nuls aux yeux du pouvoir civil ; ils seront uniquement, comme nous l'avons dit plus haut, du domaine canonique. En second lieu, à l'égard de certaines congrégations d'hommes, qui ne sont du reste pas reconnues par nos lois, l'article 10 organique, cité plus haut, se trouve en opposition formelle avec le droit canonique. Les grands ordres religieux tels que les Bénédictins, les Dominicains, les Franciscains, les Jésuites, les Trappistes etc. sont, en effet, *exempts* de la juridiction de l'Ordinaire, en vertu de privilèges concédés par le Saint-Siège. C'est une simple constatation que nous faisons. Nous n'avons à en tirer aucune conséquence.

Les quatre *congrégations religieuses d'hommes*, reconnues par la loi française, savoir : les prêtres de la mission, ou Lazaristes, les prêtres des missions étrangères, les prêtres de St-Sulpice et les frères des écoles chrétiennes, ne jouissent au contraire, d'aucune exemption canonique. D'autre part, aucune loi n'est venue réglementer leur organisation. Napoléon I^er^ avait fait préparer un décret sur cette matière, en 1810 ; il n'a jamais été publié. De cette façon, les membres de ces quatre congrégations sont, au point de vue de leurs rapports avec les évêques diocésains, dans la même situation que les membres du clergé séculier. Toutefois leurs statuts ayant été approuvés et enregistrés par le Conseil d'État, ils ont le droit de les invoquer comme leur charte, vis-à-vis du gouvernement et des évêques. Ainsi un évêque diocésain ne pourrait pas nommer un membre d'une congrégation reconnue, à une dignité ou à un emploi, dans l'intérieur de la congrégation, mais il pourrait, nous parlons toujours au point de vue strictement civil, lui infliger une peine disciplinaire, ou encore lui interdire l'exercice de certains droits, tels que la prédication.

Le législateur s'est occupé à deux reprises, des *congrégations religieuses de femmes*. Nous possédons sur cette matière, un décret du 18 février 1809 et une loi du 24 mai 1825, présentée aux Chambres par l'évêque d'Hermopolis, Mgr Frayssinous, ministre de l'Instruction publique et des Cultes.

La loi de 1825 dispose, dans son article 2 : « Aucune congrégation religieuse de femmes ne sera autorisée, qu'après que ses statuts, *dûment autorisés par l'évêque diocésain*, auront été vérifiés et enregistrés au Conseil d'État, en la forme requise pour les bulles d'institution canonique. Ces statuts ne pourront être approuvés et enregistrés, *s'ils ne contiennent que la congrégation est soumise dans les choses spirituelles à la juridiction de l'ordinaire* ».

L'article 18 du décret du 18 février 1809 donne à l'évêque un droit de haute surveillance : « Il sera rendu compte à l'évêque de toutes les peines disciplinaires autorisées par les statuts et qui auraient été infligées ».

Enfin, comme tuteur des établissements religieux du diocèse, l'évêque a le droit de vérifier la comptabilité des couvents, et de donner son avis sur les acquisitions à titre onéreux ou à titre gratuit qui sont proposées à ces communautés.

§ 2. — **L'évêque considéré comme gardien de la discipline
et de la foi, dans son diocèse.**

I. *Enseignement de l'évêque.* — Le premier soin de l'évêque chargé de maintenir la foi dans son troupeau, est en effet, de lui donner l'enseignement religieux. L'évêque est avant tout, le docteur de son diocèse.

Nous avons déjà vu que l'évêque dirigeait l'enseignement donné dans les grands et les petits séminaires. Il intervient aujourd'hui encore, d'une façon plus directe soit dans les instructions pastorales données dans la cathédrale, ou dans les paroisses visitées tous les cinq ans, soit dans les mandements, les catéchismes, les livres liturgiques, enfin dans l'approbation, qu'il a le droit d'accorder ou de refuser, des livres de prières à l'usage des fidèles.

Certaines explications deviennent, ici, nécessaires.

1° *Mandements ou lettres pastorales.* — L'évêque en a la propriété, puisqu'il en est l'auteur. Il peut par conséquent donner le monopole exclusif de leur impression à tel libraire, et à telles conditions qu'il lui plaît.

Sous quelque forme qu'ils soient publiés, en brochures, ou sur affiches destinées à l'intérieur des églises, les mandements sont aujourd'hui sujets au dépôt légal au ministère de l'intérieur ou à la préfecture suivant qu'on se trouve à Paris ou dans les départements. L'article 3 de la loi du 29 juillet 1881, sur la presse, n'exempte en effet de cette disposition, générale à tous les imprimés, que les bulletins de vote, les circulaires commerciales et les ouvrages dits de ville ou bilboquets. Les imprimeurs répondent de l'accomplissement de cette formalité, sous la peine d'une amende de 16 à 300 francs.

Dans le courant de ce siècle, le gouvernement s'était souvent relâché de l'exigence de cette déclaration, ou de ce dépôt. Une circulaire ministérielle du 8 avril 1836 enjoignait même aux préfets de ne pas y tenir la main. En 1860, une autre circulaire du 10 novembre, invita les préfets à n'exiger le dépôt d'une lettre pastorale, que lorsqu'elle paraissait sous forme de brochure pouvant être répandue dans le public. Aujourd'hui, nous l'avons dit, que la publication ait lieu sous forme de brochure ou d'affiche, le dépôt est de rigueur.

2° *Catéchisme et liturgie.* — Le désir d'unification générale qui animait le premier Consul, inspira certainement l'article 39 de la loi organique, aux termes duquel « il n'y aura qu'une liturgie et un catéchisme pour toutes les églises catholiques de France ».

On poursuivit avec ardeur la réalisation de cette unité, pour le catéchisme ; une rédaction définitive fut élaborée et imposée à « toutes les églises de l'empire français » par un décret du 4 avril 1806. Le cardinal-légal Caprara, l'approuva, « pénétré de cette pensée, qu'une foi étant une, il était avantageux qu'il n'y eut qu'une seule et même manière d'en exposer les dogmes et d'en instruire les peuples », mais sans faire aux évêques, une obligation de l'adopter. Cet essai n'a du reste pas réussi, et aujourd'hui encore, chaque diocèse a son catéchisme particulier, ne

différant des autres que par des détails de plan et de rédaction.

Quant à la liturgie, le gouvernement s'en est moins occupé et cependant l'unité est aujourd'hui plus près de se
faire que pour le catéchisme. Une circulaire ministérielle
du 19 décembre 1807 enjoignit bien aux évêques de fournir au gouvernement toutes les indications et observations
nécessaires pour la rédaction d'une liturgie uniforme,
mais aucune suite ne fut donnée à ce projet. Chaque évêque est resté maître de la liturgie de son diocèse comme
de son catéchisme. Mais l'usage d'adopter la liturgie romaine, s'est, aujourd'hui, répandu un peu partout, et c'est
grâce à lui, que l'on peut dire que l'unité n'est pas loin
d'être accomplie.

Lorsqu'un évêque est lui-même l'auteur d'un catéchisme, ou d'un livre liturgique, il en est propriétaire
comme tout auteur de son livre. Il pourra donc poursuivre comme *contrefacteurs*, les imprimeurs qui l'éditeraient
sans sa permission. Il en serait de même (1) si ce catéchisme, étant la propriété du prédécesseur, avait été légué
à l'évêque actuel, et que le délai amenant la déchéance de
la propriété littéraire ne fût pas encore écoulé. Ce délai
est aujourd'hui de cinquante ans (2). Mais si l'évêque,
propriétaire de son catéchisme, n'a pas eu soin de le léguer
soit à son successeur, soit à la mense épiscopale, ce sont
ses héritiers naturels, ou ses légataires qui seuls, pourront

(1) Cour de Paris, 25 novembre 1842.
(2) Loi du 14 juillet 1866.

en revendiquer la propriété. Ils ne pourront d'ailleurs le faire éditer et vendre, qu'avec la permission du successeur, à cause du droit, à l'étude duquel nous arrivons, qu'à tout évêque, d'approuver ou d'interdire la publication de certains livres.

3° *Droit d'approuver l'édition de certains livres.* — C'est une stricte conséquence du droit et du devoir de l'évêque, de maintenir la foi, dans son diocèse, droit et devoir reconnus par les articles 9 et 14 de la loi du 18 germinal an X. « Il est ici question d'instruction, de doctrine, disait Portalis dans son rapport à l'Empereur ; les évêques en sont juges, et ils sont toujours et successivement l'un après l'autre, *responsables* de celle qui se répand dans leur juridiction ; dès lors ils doivent conserver inspection sur la réimpression des livres d'église de leurs prédécesseurs, afin de ne pouvoir échapper à la responsabilité ».

Ce droit a été de tout temps reconnu à l'évêque. Sous l'ancien régime, il existait donc comme aujourd'hui, mais il devait se combiner avec le droit du pouvoir royal d'approuver la publication des livres de toute espèce. Il pouvait par conséquent arriver qu'un livre autorisé par l'évêque fût interdit par le roi, mais la réciproque n'était pas possible et si l'évêque avait interdit l'impression d'un livre d'église, comme contraire à la saine doctrine, il n'aurait pas été au pouvoir du roi de lever cette interdiction.

Aujourd'hui, c'est le décret du 7 germinal an XIII qui reconnaît et sanctionne le droit de l'évêque en cette matière : « Les livres d'églises, dit l'article 1<sup>er</sup>, les heures et prières, ne pourront être imprimés ou réimprimés que d'après la permission donnée par les évêques diocésains, laquelle permission sera textuellement rapportée et imprimée en tête de chaque exemplaire ».

Et l'article 2 : « Les imprimeurs-libraires qui feraient imprimer, réimprimer des livres d'église, des heures ou des prières, sans avoir obtenu cette permission, seront poursuivis conformément à la loi du 19 juillet 1793 ».

A. Demandons-nous d'abord, à *quels livres* exactement, s'applique le décret de l'an XIII ? Il est difficile de les déterminer d'une expression plus heureuse que celle de « livres d'église ». Il s'agit en effet simplement des livres qui sont à l'usage commun soit du clergé, soit des fidèles ; des livres qui sont ou bien de purs exposés de la doctrine officielle de l'Eglise, comme le *catéchisme*, ou bien des recueils de prières empruntées à la liturgie, tels que les *missels*, les *rituels*, les *bréviaires*, les *cérémoniaux*, les *paroissiens*, les *euchologes* et tous les *manuels* qui ne contiennent que des extraits du missel, que des prières officiellement adoptées par l'Église.

Mais l'auteur d'un livre de prières, dont il a lui-même trouvé la forme et les idées, ne serait pas obligé d'obtenir l'*imprimatur* de l'évêque, pas plus, du reste, que l'auteur d'un ouvrage sur des matières religieuses, dissertations, controverses, exposés de doctrine, qui n'engagent et ne peuvent engager que lui seul. Ici, c'est la liberté de la presse et de la pensée, qui reprend son empire.

B. NATURE JURIDIQUE DE CE DROIT ÉPISCOPAL. — Trois systèmes divisent encore la doctrine, après avoir été successivement consacrés par la jurisprudence.

D'après le premier système, l'évêque a un véritable droit de propriété, sur les livres d'église qui paraissent ou sont déjà en circulation, depuis longtemps. La loi, dit-on, a voulu sanctionner d'une façon énergique le droit de l'évêque de maintenir la pureté de la doctrine. De plus on invoque un argument de texte qui est réellement très fort : L'article 2 du décret du 7 germinal an XIII décide que les libraires coupables d'avoir imprimé des livres d'église sans l'autorisation de l'évêque, seraient poursuivis conformément à la loi du 19 juillet 1793. Or cette loi punit uniquement ceux qui impriment des ouvrages, sans la permission formelle de leurs *auteurs*. Le décret du 7 germinal considère donc les évêques comme les auteurs des livres d'église.

Un arrêt de la chambre criminelle de la Cour de cassation du 23 juillet 1830 a pleinement confirmé cette théorie.

Dans ce système, l'évêque étant considéré comme propriétaire des livres d'église, a le droit de donner le monopole de leur publication à un ou plusieurs libraires. De plus les libraires qui auront obtenu cette concession, et l'évêque lui-même, pourront poursuivre du chef de contrefaçon, ceux qui auraient publié sans permission, les livres en question ; ils peuvent donc demander la confiscation *à leur profit* des ouvrages saisis, et des dommages-intérêts à titre de propriétaires, tout cela, en vertu des articles 425 à 429 du Code pénal.

Ces conséquences extrêmes, mais logiques, sont de nature, ce nous semble, à démontrer le mal fondé de la théorie elle-même. Est-il nécessaire, en effet, pour expliquer le renvoi de l'article 2 du décret du 7 germinal à la loi de 1793, de penser que le législateur de l'an XIII a considéré les évêques comme auteurs et propriétaires des livres d'église qu'ils n'ont pas composés ? Nous ne le croyons pas. C'eût été, d'abord, une fiction juridique un peu forcée attendu que si c'est un ouvrage qui paraît, ou qui a paru depuis peu, dont on connaît l'auteur, on se trouvera en présence de deux propriétaires distincts, disons mieux, d'une dualité de propriétés, assez inexplicable. Quels seront les droits, dans le procès en contrefaçon par exemple, de l'auteur, véritable propriétaire du livre, en présence de l'évêque ou des libraires concessionnaires ? La réalité se trouvera donc en face de la fiction, et pour la démentir.

On peut expliquer, ce nous semble, l'article 2 du décret du 7 germinal an XIII, d'une façon beaucoup plus simple, qui a l'avantage de faire l'économie d'une fiction juridique. Le droit créé par le décret du 7 germinal, au profit des évêques, n'a pas, il faut le reconnaître, son similaire dans notre législation. Le législateur de l'an XIII, voulant toutefois punir sa violation, trouva une certaine analogie, *au point de vue de la répression* à établir, entre ce cas et celui de la loi de 1793, la seule qui existât à cette époque, sur toute cette matière de publication d'ouvrages. Cette loi visait le cas le plus fréquent, celui où on a publié un livre sans la permission de son auteur. Mais cette simple assimilation de pénalité n'entraînait nullement dans l'esprit du législateur de l'an XIII, la reconnaissance à l'évêque d'un droit de propriété, sur des livres dont il n'est pas l'auteur.

Ce premier système est en effet universellement repoussé aujourd'hui, soit en doctrine, soit en jurisprudence.

Deux autres se disputent sa place. Ils partent tous deux, du même principe : Le décret de l'an XIII n'a pas conféré à l'évêque un droit de propriété, sur les livres d'église, mais un droit de surveillance (1). Quelle est l'étendue de ce droit de surveillance ? C'est ici qu'on se divise.

D'après les uns, l'évêque aurait épuisé le droit que lui confère le décret du 7 germinal an XIII, lorsqu'il a, une fois pour toutes, autorisé le *livre*, l'écrit en lui-même.

Dès lors, tout libraire aurait le droit de s'autoriser de cet *imprimatur*, une fois donné, même à un autre qu'à lui, et de publier le livre à son gré. Cette théorie, qui a l'approbation d'auteurs nombreux et considérables, peut aussi se prévaloir de plusieurs arrêts de Cours d'appel et d'un arrêt de la Cour de cassation du 28 mai 1836. Le Conseil d'Etat lui-même, dans une sorte d'avis interprétatif du 15 juin 1809, a déclaré: « que le décret de l'an XIII n'a point entendu donner aux évêques le droit d'accorder un privilège exclusif à l'effet d'imprimer ou de réimprimer les livres de cette nature ».

_________

(1) On dit souvent que l'un de ces deux systèmes ne reconnaît à l'évêque qu'un droit de *haute surveillance*, tandis que l'autre lui accorde un droit de *quasi-propriété*. Nous réprouvons, pour notre part ces expressions qui n'expliquent rien, mais embrouillent, au contraire, les idées.

A part ces autorités, le seul argument positif de ce système est, que le droit d'autoriser *le livre* suffit à l'évêque pour remplir la mission que lui reconnaît l'article 9 de la loi organique, de maintenir la foi dans son diocèse.

Ses conséquences sont les suivantes : l'évêque n'a pas le droit de donner à un imprimeur le privilège exclusif de la publication d'un livre d'église. Lorsqu'un libraire a obtenu l'autorisation, l'*imprimatur,* pour un livre, tous autres libraires peuvent s'en prévaloir et n'ont pas besoin d'obtenir eux-mêmes une autorisation personnelle. Il leur suffira de mettre, en tête de chaque exemplaire, conformément à l'article 1er du décret de l'an XII, l'*imprimatur* qu'un autre a obtenu pour eux.

Si un libraire publie un livre d'église, que l'évêque n'a pas autorisé, le droit de l'évêque consiste uniquement à *porter plainte* au parquet. Le ministère public devra alors poursuivre, mais l'évêque est sans qualité pour intenter directement l'action née de la loi du 19 juillet 1893 et des articles 425 à 429 du Code pénal. A plus forte raison, doit-on refuser à l'évêque le droit de réclamer des dommages-intérêts et la confiscation *à son profit* des ouvrages incriminés.

Nous ferons à ce système, le reproche assez grave, à nos yeux, de violer à la fois, le texte et l'esprit du décret de germinal an XIII, qui est la loi capitale, puisque c'est la seule sur notre sujet. Le texte d'abord, nous paraît violé. L'article 2 du décret dit en effet textuellement que les imprimeurs libraires qui feraient imprimer, réimprimer ds

livres d'église, des heures ou des prières, *sans avoir obtenu
cette permission, seront poursuivis conformément à la loi
du 19 juillet* 1793.

L'incidente « sans avoir obtenu cette permission » exprime d'abord assez nettement que c'est une permission personnelle que doit avoir obtenu le libraire qui veut imprimer l'ouvrage. Si le législateur s'est exprimé correctement
et l'on ne doit pas gratuitement supposer le contraire, c'est
bien là ce qu'il a voulu dire. S'il avait voulu donnér à l'é-
vêque le seul droit d'approuver l'écrit, il aurait dit : les imprimeurs-libraires qui feraient imprimer des livres d'é-
glise *qui n'ont pas été approuvés*..... Mais la violation est
encore plus flagrante pour la dernière phrase : ..... « seront
poursuivis conformément à la loi du 19 juillet 1793 ». La
loi de 1793 donne en effet le droit formel aux auteurs des ouvrages contrefaits ou imprimés sans leur autorisation, de
poursuivre par voie de citation directe les imprimeurs dé-
linquants. Or le système que nous venons d'exposer, refuse
aux évêques le droit d'agir directement ; leur seule ressource est de porter plainte, et de laisser agir le ministère
public.

La méconnaissance de l'esprit dans lequel le décret de
de l'an XIII a été rendu, n'est pas moins formelle. Le principe de ce décret, tout le monde le reconnaît, est dans les
articles 9 et 14 de la loi de germinal an X, qui rendent les
évêques responsables de la doctrine qui se répand dans leur
juridiction, comme le disait Portalis. Son but, tout le
monde est également d'accord là-dessus, est de donner à

l'évêque une arme assez puissante pour maintenir la pureté de la doctrine. Eh bien, nous croyons avec la Cour de cassation (1), « que si le droit imparti aux évêques par ce décret, ne pouvait être exercé qu'au moyen d'une autorisation qui, une fois accordée à l'écrit, en légitimerait indéfiniment la reproduction, d'une part, il ne serait attribué à ce droit, par suite de la facilité qu'auraient les contrevenants à s'y soustraire, qu'une satisfaction vaine ou incomplète ; de l'autre, son exercice donnerait lieu à un contrôle placé en dehors de la responsabilité spéciale à laquelle aucune autre ne saurait être substituée ; qu'ainsi sous ce double rapport, le vœu du décret précité ne serait pas rempli ». Oui, en deux mots, le contrôle de l'évêque, qui doit être scrupuleux en des matières aussi délicates, serait à peu près illusoire et impossible.

Pour ces divers motifs, nous concluons en faveur du dernier système qui donne à l'évêque le droit d'approuver non plus seulement *l'écrit*, mais *l'imprimeur*. De cette façon, aucun libraire ne pouvant imprimer un livre d'église sans une permission personnelle, l'évêque sera mis, à chaque demande d'autorisation, en mesure de vérifier si l'ouvrage ne contient rien de contraire à la saine doctrine ; il aura donc un moyen de contrôle suffisant pour mettre à couvert sa responsabilité.

La jurisprudence, par les deux arrêts cités plus haut, s'est définitivement rangée à cet avis.

_______

(1) Arrêts du 9 juin 1843 et du 5 juin 1847.

Nous reconnaissons donc à l'évêque, ainsi qu'aux libraires pourvus de l'autorisation épiscopale, le droit de poursuivre directement ceux qui ont imprimé le livre sans y avoir été personnellement autorisés par l'évêque. L'évêque, ni les libraires n'auront le droit de faire prononcer *à leur profit* la confiscation des ouvrages indûment imprimés. Mais la Cour de cassation a très judicieusement établi que la confiscation étant une peine, devait être prononcée alors même qu'elle ne dût pas profiter aux plaignants ; elle revient alors au Trésor.

L'évêque ne pourra pas non plus réclamer des dommages-intérêts. Il ne pourrait le faire qu'en se fondant sur un droit de propriété que nous ne lui reconnaissons pas. Son action se bornera donc à faire prononcer, la confiscation et l'amende qui, aux termes de l'article 428 du Code pénal est de cent francs au moins et de deux mille francs au plus.

Mais le libraire autorisé ne peut-il pas demander des dommages-intérêts, en se fondant, non pas sur un droit de propriété puisque l'évêque lui-même dont il est l'ayant cause ne peut pas s'en prévaloir, mais sur certaines circonstances qui rendent applicable l'article 1382 du Code civil ? La Cour de cassation (1) l'a, ici encore, formellement reconnu : « Attendu, dit-elle, que l'acte dont se prévalent Leclère et consorts, à l'appui de leur demande en intervention, leur a imposé des obligations, en même temps qu'il leur a conféré des avantages ; que si la délégation qui en dérivait n'avait rien d'exclusif et d'irrévocable, son exten-

(1) Arrêt du 5 juin 1847.

sion éventuelle à d'autres libraires ou imprimeurs que ceux qui en étaient l'objet, avait été soumise à des conditions expressément déterminées ; qu'en s'immisçant en dehors du seul cas prévu par les parties audit acte, dans le bénéfice de cette délégation, sans en supporter les charges, Langlumé et consorts avaient causé à Leclère et autres, un préjudice dont réparation était due »....

Tel est donc l'état actuel de cette intéressante question. Les trois systèmes que nous avons successivement exposés conduisent, on l'a vu, à des conséquences bien différentes. Tous les trois sont cependant d'accord à reconnaître que l'évêque a un pouvoir discrétionnaire pour accorder ou refuser l'autorisation qui lui est demandée. Il n'en doit les motifs à personne. Lui seul est responsable, lui seul doit se décider (1).

C. Compétence. — C'est aux tribunaux judiciaires et non à l'autorité administrative, qu'il appartient de statuer sur les contestations élevées au sujet du décret du 7 germinal an XIII. Il y a là-dessus un arrêt de conflits du 17 juin 1809.

D. Moyen de contrôle. — Une décision ministérielle du 19 octobre 1810 oblige les imprimeurs-libraires désireux d'obtenir l'autorisation épiscopale de publier des livres d'église, à en déposer un exemplaire au secrétariat de l'évêché. De plus l'article 1er du décret du 7 germinal an XIII

_________________

(1) Ordonnance du 30 mars 1842, rendue au Conseil d'Etat, sur un recours pour abus.

oblige les imprimeurs à rapporter la permission épiscopale en tête de chaque exemplaire.

4° *Conciles.* — Nous avons vu que les lois de l'État, conformes en cela, à celles de l'Église, reconnaissent à l'évêque le droit et lui imposent le devoir de maintenir la foi et la discipline *dans son diocèse.*

Les évêques n'ont-ils pas aussi la mission plus générale, d'arrêter en commun et sous l'autorité du Pape, les moyens les plus propres à entretenir la foi et la discipline ecclésiastique dans les peuples chrétiens dont ils ont ensemble la garde ? Cela nous paraît incontestable. Les conciles sont en effet de fondation apostolique et n'ont pas cessé d'être assemblés depuis la primitive Église ». La tenue des conciles, dit l'abbé Fleury, était comptée dès les premiers siècles entre les pratiques ordinaires de la religion, à proportion comme la célébration du saint sacrifice, tous les dimanches. Il n'y avait que la violence des persécutions qui en interrompit le cours ; sitôt que les évêques se trouvaient en liberté, ils y revenaient comme au moyen le plus efficace d'entretenir la discipline ».

Le cardinal de Bonald, archevêque de Lyon, faisait aussi remarquer, dans un mandement du 4 février 1845, que plusieurs conciles généraux et notamment celui de Nicée, dont les canons sont reçus en France, avaient prescrit la tenue des conciles nationaux et provinciaux. S'opposer à leur observation, c'était donc méconnaître l'une des principales libertés de l'Église gallicane.

Quoiqu'il en soit, le législateur de 1802, mû par un sentiment qu'il ne nous appartient ni de rechercher, ni d'apprécier ici, a cru devoir interdire aux évêques français toute « assemblée délibérante ». L'article 4 organique, dit en effet : « Aucun concile national ou métropolitain, aucun synode diocésain, aucune assemblée délibérante n'aura lieu, sans la permission expresse du gouvernement ». Il a été jugé par le Conseil d'État, que par l'expression « assemblée délibérante » le législateur avait entendu prohiber même la correspondance des évêques entre eux dans le but de prendre des résolutions communes, sur n'importe quelles matières (1). Une circulaire ministérielle du 9 juin 1886 a reconnu que les assemblées appelées congrès catholiques ou eucharistiques, qui n'ont aucune ressemblance avec les conciles proprement dits, ne tombent pas en effet sous le coup de l'article 4, de la loi de l'an X.

Mais le gouvernement semble s'être réservé le droit de décider, lorsque le caractère de la réunion est douteux, c'est-à-dire participe à la fois de la nature du congrès et de celle du concile, si oui ou non l'article 4 lui est applicable et si elle peut avoir lieu sans son assentiment formel.

II. *Juridiction épiscopale.* — Toutes les attributions épiscopales que nous venons de passer en revue, sont relatives au rôle de docteur de l'évêque, au côté enseignement de sa mission. L'enseignement dans les séminaires, l'enseignement par les instructions et les lettres pastora-

(1) Arrêt du 8 août 1863.

les, par le catéchisme et par le contrôle exercé sur la publication des livres d'église, est en effet le moyen principal de maintenir la foi dans un diocèse. Nous arrivons à l'étude d'un moyen d'une autre nature, que la loi civile reconnaît à l'évêque pour conserver la foi et surtout la discipline, dans son diocèse ; nous voulons parler du droit de juridiction qui appartient aux évêques depuis les temps apostoliques, qui est inhérent à leur caractère et inséparable de leur mission.

1° *Organe de la juridiction épiscopale.* — Nous n'avons pas à tracer ici, un historique complet de la juridiction ecclésiastique sous l'ancien régime. Ailleurs, nous avons pu dire quels furent ses origines et son développement dans le bas-empire. A dater du XIIe siècle, cette juridiction fut, à peu près dans toute la France, exercée au nom de l'évêque, par les officialités diocésaines. On sait les développements extraordinaires que ces tribunaux ecclésiastiques acquirent et conservèrent jusqu'en 1789 ; développements sur les personnes, par suite du grand nombre de celles qui furent admises à invoquer le privilège clérical, et développements sur les matières, puisque toutes les affaires mixtes, c'est-à-dire touchant à la fois, à l'ordre temporel et au domaine religieux, étaient soumises à leur juridiction.

La loi du 6 et 7 septembre 1790 abolit les officialités, et aucune loi, dans ce siècle, ne les a fait revivre. La loi du 18 germinal an X permet bien aux évêques dans l'article 11, d'établir dans leurs diocèses des chapitres cathédraux et

des séminaires, mais elle ajoute : « Tous autres établissements ecclésiastiques sont supprimés ». Les officialités
n'ont donc plus aujourd'hui aucune valeur, aux yeux de
la loi. Non seulement, il leur est interdit de connaître des
affaires qui ne relèvent pas exclusivement de l'ordre ecclésiastique, mais même dans ce ressort, la loi ne les connaît pas.

S'ensuit-il que les évêques n'aient pas le droit d'en établir, dans leurs diocèses? Nullement. Le Conseil d'Etat,
dans un arrêt du 22 mars 1826, leur en a formellement reconnu le droit, et de fait, aujourd'hui, tous les évêques ont,
auprès d'eux, des officialités organisées apparemment
comme celles de l'ancien régime, avec une partie publique,
le *promoteur*. Qu'y a-t-il donc de changé avec les anciennes officialités? Ce point capital, que sous l'ancien régime,
les officialités avaient un pouvoir propre. Sans doute elles
rendaient la justice au nom de l'évêque, mais de la même
façon que les Parlements jugeaient au nom du roi. L'évêque ne pouvait pas, en principe, rendre lui-même la justice.
Il devait la déléguer à son officialité. Dans quelques rares
diocèses, seulement, l'évêque avait acquis ou conservé la
faculté de siéger, et de statuer lui-même, sur les affaires
contentieuses. Mais dans la généralité des diocèses, c'était
l'officialité seule qui était saisie au contentieux, et les
sentences rendues par elles, étaient exécutoires sans l'approbation de l'évêque.

Aujourd'hui, tout cela est changé. Les officialités, nous
l'avons déjà dit, n'existent pas aux yeux de la loi. Elles

constituent simplement des commissions d'ecclésiastiques, destinées à aider et à éclairer l'évêque dans l'accomplissement de son devoir, et dans l'exercice de son droit de juridiction. Il est à remarquer que les choses ne se passaient pas autrement dans la primitive Eglise, lorsque l'évêque jugeait lui-même les différends qui s'élevaient entre clercs ou fidèles. Il appelait auprès de lui, ceux de ses prêtres qui étaient les plus dignes de confiance par leur savoir et leurs vertus, et en faisait son *consilium.*

Une sentence qui serait rendue par une officialité, au nom de l'official et en vertu d'un pouvoir propre que les lois canoniques lui reconnaissent, serait susceptible d'être déclarée d'abus, par le Conseil d'Etat. Si on la présentait à un tribunal civil pour lui demander d'en assurer l'exécution, il n'est pas douteux que le tribunal n'y attacherait aucune valeur.

Le seul organe de la juridiction ecclésiastique à notre époque, est donc l'évêque lui-même. Mais une sentence rendue par une officialité diocésaine, aura, même aux yeux des tribunaux, la même valeur que si elle émanait directement de l'évêque, si celui-ci en a approuvé la teneur. C'est même là, il faut le reconnaître, ce qui se passe dans la plupart des cas. Comment l'approbation pourra-t-elle être donnée? Si elle est donnée formellement, la sentence une fois rendue, il n'y a pas de difficultés. Ne peut-on pas voir aussi, une ratification tacite, mais certaine, de la sentence, dans ce fait que l'évêque a mis à la tête de son officialité, un de ses vicaires généraux? Cela ne fait aucun doute, à nos yeux. Le vicaire général ne fait, avec son évêque, qu'une seule et même personne. Ce qui est fait par l'un, doit être considéré comme ratifié par l'autre, à moins d'un désaveu formel. La jurisprudence ne s'est pas encore prononcée catégoriquement en ce sens, mais comme elle admet l'unité de personne entre l'évêque et son vicaire général, on peut conjecturer que, logique avec elle-même, elle confirmerait notre solution, si elle était appelée à se prononcer.

2° *Compétence de la juridiction épiscopale.* — Il est bien entendu, lorsqu'on parle de la juridiction épiscopale, que l'on ne fait allusion qu'à la juridiction *contentieuse.* Nous avons parlé plus haut de la juridiction *administrative,* improprement appelée juridiction, lorsque nous avons dit que l'évêque nommait et révoquait à tous les emplois du ministère ecclésiastique.

Cela dit, on peut envisager la compétence de la juridiction épiscopale, à l'égard des personnes qui lui sont soumises, et relativement aux matières sur lesquelles elle peut porter.

« *Ratione personæ* », la juridiction épiscopale s'applique à la fois, aux laïcs et aux clercs, avec cette différence que sur ceux-ci elle est bien plus étendue que sur ceux-là. Sur les laïcs, l'évêque ne peut prononcer que des peines purement spirituelles, ou du moins si la peine est par un certain côté matérielle, elle ne sera exécutée que du libre consentement du condamné. Sur les clercs, au contraire, les pénalités qui peuvent être prononcées par l'é-

vêque sont beaucoup plus tangibles, ainsi que nous le verrons.

« *Ratione materiæ* », l'évêque peut prononcer *sur la foi*,
par exemple dans les cas de schisme, d'hérésie, d'aposta-
sie, de simonie, de sacrilège, de blasphème ; *sur les
mœurs*, sur la *hiérarchie ecclésiastique*, enfin sur la *discipline*. Et il faut entendre par ce dernier mot, non seulement la discipline ecclésiastique, mais la discipline religieuse pour les laïcs. Prenons pour exemple *le mariage*.

L'Eglise en avait autrefois la complète connaissance, et
ses décisions produisaient des effets civils, parce que l'E-
tat reconnaissait l'étroite connexité existant entre le sacrement et le contrat civil. Tout ce que l'Eglise décidait
sur le sacrement, s'exécutait sur le contrat.

Aujourd'hui cette matière a été complètement sécula-
risée, comme toutes les autres matières mixtes, mais l'É-
glise n'en conserve pas moins ses droits, dans le domaine
spirituel. Lorsqu'un mariage est projeté entre parents au
degré où le mariage est prohibé (1), les futurs époux doivent demander une dispense à l'évêque : s'ils sont dans les
liens de parenté du premier au troisième degré canonique, équivalant à notre sixième degré civil, l'évêque est
incompétent pour accorder la dispense. Le Saint-Siège s'en
est expressément réservé le droit, pour assurer l'unité de
discipline dans l'Église entière. Au delà du troisième de-

----

(1) La parenté constitue d'après le droit canonique, un empêchement
prohibitif au mariage, jusqu'au 7ᵉ degré canonique ce qui équivaut dans
la supputation civile des degrés de parenté, à notre quatorzième degré.

gré canonique et jusqu'au septième, l'évêque est compétent. En accordant la dispense, l'évêque ne juge pas au contentieux ; c'est un acte de juridiction gracieuse.

Mais la juridiction contentieuse reprendra son empire, si un procès en nullité s'élève après la célébration du mariage. L'évêque décidera si oui ou non, le mariage existe aux yeux de l'Eglise.

3° *Pénalités*. — Il en est qui sont *communes aux laïcs et aux clercs* ; ce sont : d'abord les pénitences purement spirituelles, telles que les jeûnes, les prières ; en second lieu, les pénitences publiques, exclusions de l'église ou de l'oblation de la communion ; enfin l'excommunication.

D'autres sont *spéciales aux ecclésiastiques*. On les divise en peines discrétionnaires et contentieuses.

Les peines *discrétionnaires* comportent : 1° l'injonction à un prêtre diocésain quelqu'il soit, d'aller faire une retraite dans un séminaire, ou dans un autre lieu indiqué. 2° La privation pour un prêtre amovible du droit de prêcher ou de confesser dans tout ou partie du diocèse.

Les peines *contentieuses* sont plus graves. Il y a : 1° la défense faite à un prêtre inamovible, à un curé de première classe par exemple, de prêcher ou de confesser dans sa paroisse ; 2° la suspension, et 3° la déposition, c'est-à-dire l'interdiction d'exercer toutes les fonctions sacerdotales, même celle de célébrer le saint sacrifice. La déposition ne diffère de la suspension que par son caractère définitif ; on ne peut en être relevé que par une grâce extraordinaire. La suspension et la déposition sont en général accompagnées de l'interdiction de porter le costume ecclésiastique (1).

4° *Procédure.* — Il n'y a pas, à proprement parler, de procédure obligatoire, pour la juridiction des évêques; elle est plutôt administrative dans la forme, et contentieuse au fond. Une sentence épiscopale ne pourrait donc pas être attaquée comme d'abus, sous prétexte que certaines formalités de procédure n'ont pas été observées. Mais, surtout dans les censures ecclésiastiques, les évêques doivent observer les formes substantielles, sans lesquelles un jugement ne saurait être régulier. L'évêque désigne en général un ecclésiastique chargé de faire une enquête sur les lieux; puis il fait citer le prévenu, pour entendre ses explications et sa défense; il entend aussi les témoins, et motive enfin sa décision.

5° *Effets de la sentence.* — Lorsque la peine prononcée par l'évêque, ou son official, est purement spirituelle, telle que l'excommunication, il est évident qu'elle s'exécutera d'elle-même, que rien ne pourra en entraver les effets, sauf, bien entendu, les voies de recours que nous allons voir bientôt.

Il en sera différemment, si la sentence épiscopale a besoin, pour être exécutée, de l'appui du bras séculier. Faudra-t-il nécessairement, pour que cet appui lui soit prêté, qu'elle soit vérifiée, approuvée ou simplement rendue

---

(1) Nous ferons observer que pour la déposition d'un curé de canton, l'évêque a besoin de l'assentiment du gouvernement, s'il veut que sa décision produise son entier effet.

exécutoire par les tribunaux de droit commun ? Hâtons-
nous de répondre : non. La juridiction ecclésiastique, ren-
fermée dans ses limites normales, a été remise par la loi
civile elle-même, aux mains de l'évêque. Il a le droit de
l'exercer sans contrôle du pouvoir civil, sauf dans le cas
d'appel comme d'abus. Si un obstacle matériel s'oppose à
l'exécution d'une sentence épiscopale, la force publique
doit le faire disparaître, sans qu'il y ait lieu à un visa quelconque de la part des tribunaux judiciaires.

Prenons un exemple : Un prêtre amovible, un desservant par exemple, a été révoqué par son évêque, et se refuse à quitter son poste, à délaisser même l'immeuble qui
doit servir de presbytère à son remplaçant. Il ne sera pas
nécessaire, à l'évêque, ni au remplaçant qu'il a nommé,
d'intenter devant les tribunaux une sorte d'action en dé-
laissement, ou en « déguerpissement » comme on disait
jadis. Il leur suffira de porter la décision intervenue, à la
connaissance des agents de la force publique et le devoir
de ceux-ci sera d'expulser « *manu militari* » si besoin est,
le condamné récalcitrant. La sentence a été rendue en effet
dans les limites du pouvoir épiscopal, la peine prononcée
est purement ecclésiastique, l'exécution doit donc avoir
lieu de plein droit. Il n'y a pas de jurisprudence là-dessus,
du moins à notre connaissance, mais nous n'hésitons pas
à croire que cette solution serait celle de l'autorité judiciaire, si elle était appelée à se prononcer.

L'intervention des tribunaux deviendrait au contraire
nécessaire, si le fait de ne pas se conformer à la sentence

épiscopale, amenait l'ecclésiastique frappé, à commettre un délit. Pour prendre le même exemple que tout à l'heure, si le desservant révoqué, que nous chargeons en ce moment, des plus noires intentions, non content de ne pas vouloir céder la place à son successeur, se livrait sur lui à des voies de fait, ou encore résistait aux agents de la force publique, il y aurait lieu à une poursuite correctionnelle ou même criminelle, suivant les cas, pour coups et blessures, ou rébellion. Mais voici un cas, plus fréquent : un ecclésiastique a été interdit du droit de porter l'habit ecclésiastique. Le seul fait, de ne pas se conformer à la décision de son évêque, constitue pour l'ecclésiastique un délit prévu et puni par l'article 259 du Code pénal, ainsi conçu : « Toute personne qui aura publiquement porté un costume, un uniforme ou une décoration qui ne lui appartiendrait pas, sera punie d'un emprisonnement de six mois à deux ans ». Il n'y a du reste pas d'autre moyen pour forcer un prêtre à quitter l'habit ecclésiastique que son évêque lui a interdit de porter, que cette poursuite correctionnelle.

Quel sera le rôle du tribunal saisi dans ces circonstances ? Il devra se borner à constater si la sentence épiscopale a été rendue, mais il n'a aucun contrôle à exercer, aucune vérification à faire, sur son bien ou mal fondé. Savoir si les faits reprochés à l'ecclésiastique sont exacts, si l'évêque a fait une sage application des règles canoniques, si les formalités même substantielles ont été observées, tout cela échappe à la compétence du tribunal et pourra tout au plus donner lieu à un recours pour abus.

Le tribunal se borne donc à assurer l'exécution de la sentence épiscopale (1).

6° *Voies de recours.* — Il y a une voie ordinaire qui est l'appel au métropolitain, puis au Pape, et une voie extraordinaire qui est l'appel comme d'abus.

L'appel au métropolitain a son fondement dans l'article 15 organique, ainsi conçu : « Ils (les métropolitains) connaîtront des réclamations et des plaintes contre la conduite et les décisions des évêques suffragants. » En cas de vacance du siège archiépiscopal l'appel serait jugé par les vicaires capitulaires. Il y a, en ce sens, deux arrêts du Conseil d'État du 2 novembre 1835 et du 22 février 1837.

L'appel du métropolitain au Pape, « n'avait pas besoin, disait Portalis, d'être exprimé dans la loi du 18 germinal an X, qui était particulière à l'Église de France. Ce recours appartient à la discipline générale, qui régit le corps entier de l'Église ». Nous ferons cependant observer qu'en vertu de l'article 1er de la loi de germinal an X, la décision du Souverain Pontife ne pourra être utilement invoquée devant les tribunaux français, que si elle a été enregistrée en Conseil d'État (2).

Dans quel *délai* l'ecclésiastique frappé d'une condamnation de son évêque, devra-t-il interjeter appel, pour être admis par exemple à s'en prévaloir devant la justice séculière ? La Cour de Montpellier dans son arrêt remarquable

(1) En ce sens V. un arrêt de la Cour de Montpellier du 12 février 1851 et de la Cour de cassation du 24 juin 1852.
(2) Arrêt du Conseil d'État, Dalloz, P. 1867, 3, 65 affaire Roy.

du 12 février 1851, a décidé que si l'ordonnance épiscopale constituant l'officialité diocésaine n'a pas fixé ce point, on doit s'en référer « aux règles suivies dans les anciennes officialités, et qui étaient consacrées, soit par les canons, soit par les ordonnances du royaume, soit par la pratique et la doctrine des auteurs ».

D'après ces règles, l'appel devait être interjeté dans les dix jours à dater de la signification de la sentence, et relevé, c'est-à-dire renouvelé, dans les quarante jours, « par une requête signifiée à la partie adverse, ou par une commission, laquelle tenait lieu de lettres de relief ».

Enfin, dernière question que soulève l'appel au métropolitain : Est-il *suspensif* de l'exécution de la sentence épiscopale, ou simplement *dévolutif* d'attribution ? Le seul monument de jurisprudence qui tranche la question, est un jugement du tribunal de première instance de Montpellier, du 31 décembre 1850. Conformément aux règles canoniques, le tribunal décida que l'appel n'était suspensif que dans les matières de foi et d'orthodoxie ; mais que pour les décisions disciplinaires il était simplement dévolutif (1). Par suite, un ecclésiastique auquel son évêque a interdit le port du costume clérical, n'est pas recevable à invoquer l'appel qu'il a interjeté, pour échapper à l'application de l'article 259 du Code pénal.

Après la voie ordinaire de recours, qui est l'appel au

____

(1) Concile de Trente, sess. XIII, chap. I ; sess. XXII, ch. I ; sess. XXIV, ch. X.

métropolitain et au Pape, nous avons dit qu'il existait une voie extraordinaire : l'appel comme d'abus.

Bien que cette institution puisse être appelée à sanctionner les attributions temporelles des évêques, que nous n'avons pas encore vues, nous ne croyons pas possible de séparer de la juridiction ecclésiastique, la matière de l'appel comme d'abus, qui en est le complément nécessaire.

### Du recours pour abus.

Il n'entre ni dans notre intention, ni dans le cadre de ce travail de faire un exposé complet de cette importante matière, qui nécessiterait à elle seule un volume de développements.

Aussi bien, ne parlons-nous ici que des rapports des évêques avec le pouvoir civil, et est-ce uniquement à ce point de vue que nous envisagerons le recours pour abus.

A. HISTORIQUE ET GÉNÉRALITÉS. — L'appel comme d'abus est une institution assez ancienne de notre droit public. On en fait généralement remonter l'établissement régulier, à l'assemblée des barons et prélats tenue à Vincennes, sous Philippe VI, en 1329. Le conseiller du roi, Pierre de Cugnières, s'y plaignit de l'extension exagérée de la juridiction ecclésiastique, et demanda que les officialités ne connussent plus des affaires temporelles. L'assemblée décida que si, dans un an, les prélats n'avaient pas réformé les abus dont on se plaignait, « le roi y apporterait tel remède qu'il plairait à Dieu et au peuple ». Des ordonnances royales et notamment la pragmatique de

Bourges, le Concordat de François I^er et l'Ordonnance de Villers-Cotterets de 1539, organisèrent successivement et d'une façon définitive, l'appel comme d'abus.

Il n'est pas inutile de signaler deux différences importantes entre notre ancienne et notre nouvelle législation sur cette matière.

Tout d'abord les appels téméraires ou inconsidérés étaient autrefois sanctionnés par une amende : « Quant aux appellations frivoles ou mauvaises, portait l'édit de 1539, plaidées ou soutenues par les appelants, ils soient condamnés outre l'amende ordinaire envers nous, et la partie, selon l'exigence des cas, si la matière y est disposée ».

En second lieu les Parlements seuls, c'est-à-dire le pouvoir judiciaire proprement dit, connaissaient des appels comme d'abus. Le Conseil du Roi y restait étranger. La garantie qui en résultait pour les intimés était plus grande encore qu'on ne le suppose, si l'on songe que les Parlements comprenaient un certain nombre de conseillers ecclésiastiques.

Aujourd'hui c'est le Conseil d'Etat, c'est-à-dire la justice administrative, qui en est saisi. On a voulu le contester(1), en se fondant sur le décret du 25 mars 1813 qui mettait en vigueur le concordat de Fontainebeau. Ce décret attribuait en effet aux Cours d'appel la connaissance « de toutes les affaires *connues sous le nom d'appels comme d'abus*, ainsi que de toutes celles qui résulteront de la non-exécution des

(1) Merlin, *Questions de droit*, V° *Abus*.

lois des concordats ». Mais on a fait avec raison remarquer, que le décret du 25 mars 1813 n'étant que l'accessoire du concordat de Fontainebleau n'avait pas plus de vigueur aujourd'hui, que le concordat lui-même, dont il avait dû fatalement partager le sort.

Il n'en est pas moins vrai, et plusieurs esprits éminents ont partagé cette opinion, que le pouvoir judiciaire aurait inspiré aux justiciables de l'appel comme d'abus, une plus grande confiance que les magistrats administratifs qui ne sont pas dans une situation aussi indépendante vis-à-vis du gouvernement. M. Dupin lui-même, qui n'est certes pas suspect de tendresse exagérée pour les membres du clergé, disait : « Quant au Conseil d'Etat, ce n'est peut-être pas la meilleure juridiction possible. Moi-même, en maintes circonstances, j'ai exprimé le vœu que ces affaires fussent renvoyées aux Cours royales ». Et M. Laisné dans l'exposé de motifs du concordat de 1817, ajoutait : « Composées de magistrats inamovibles, elles (les cours royales) sont éminemment propres à conserver le dépôt des maximes nationales et à en perpétuer la tradition. Les ministres de la religion trouveront dans ces magistrats, cette gravité de mœurs et de pensée, ces sentiments vraiment religieux qui ont honoré la magistrature française ».

Une autre particularité moderne est à observer : les auteurs de ce siècle, imitant en cela le législateur de l'an X, ont substitué l'expression « recours pour abus » à celle d' « appel comme d'abus ». La raison de ce changement dans les mots, disent-ils, est dans ce fait que les justices ecclésiastiques ayant été supprimées par la loi des 6-7 septembre 1790 et non rétablies par le Concordat, l'expression « appel comme d'abus » serait aujourd'hui inexacte, car il n'y a plus appel d'une juridiction inférieure à une juridiction supérieure, mais seulement réclamation contre un acte du ministre du culte.

Il y a du vrai, en cela. Il ne faudrait cependant pas croire que le Concordat n'ayant pas rétabli les officialités, n'a pas restauré la justice ecclésiastique. Nous avons vu au contraire, que cette justice a été remise toute entière aux mains des évêques ; en fait, ceux-ci laissent presque toujours à leurs officialités le soin d'instruire les affaires et de statuer sur elles, se bornant à s'approprier leurs décisions. Aux yeux de la loi, il est vrai, ce sont eux-mêmes qui jugent, mais dans tous les cas, ce sont de véritables sentences qui interviennent, susceptibles d'un véritable appel devant le métropolitain.

Cette explication donnée, nous acceptons bien volontiers l'expression recours pour abus. Nous trouvons même une autre raison de la substituer à l'ancienne. Il n'y a plus vraiment aujourd'hui comme autrefois, appel proprement dit. L'appel suppose en effet qu'on demande à une *juridiction supérieure* la réformation d'une sentence rendue par un tribunal inférieur. Ici, on ne s'adresse plus, comme autrefois, à une juridiction supérieure. C'est au chef de l'État, lui-même. En fait, c'est bien au Conseil d'État que l'affaire est portée, mais au Conseil d'État jugeant dans la forme administrative, et l'on sait que dans la forme admi-

nistrative le Conseil d'État n'a pas de pouvoir propre ; il
se borne à préparer un projet de décret, et c'est le Président de la République qui décrète, le *Conseil d'État entendu*, mais sans être astreint à suivre son avis. Dans ces conditions on ne peut pas dire qu'il y ait appel d'une juridiction à l'autre, c'est plutôt un recours qui est porté au chef suprême de l'administration, qui décide de sa propre autorité, si oui ou non, il y a abus.

B. Cas d'abus. — L'article 6 de la loi du 18 germinal an X, prévoit six cas d'abus, de la part de l'autorité ecclésiastique :

*a*) L'usurpation, c'est-à-dire l'empiétement de la puissance spirituelle sur la puissance civile, ou encore d'un pouvoir ecclésiastique sur un autre pouvoir ecclésiastique. Exemple : Un archevêque saisi de l'appel d'une sentence rendue par un évêque *qui n'est pas* son suffragant, statue sur cet appel.

*b*) L'excès de pouvoir ; c'est l'accomplissement d'un acte, en dehors des limites normales du pouvoir que la loi reconnaît à l'auteur. Ainsi il y a abus dans le fait, pour un évêque, de censurer la politique du Gouvernement, dans une lettre pastorale (1). Il y a également excès de pouvoir, lorsqu'un évêque (2) s'oppose par une ordonnance, et par des circulaires à son clergé, à l'exécution des mesures prescrites par le pouvoir civil à l'effet de con-

_________

(1) Décret du 30 mars 1861, contre l'évêque de Poitiers.
(2) L'évêque d'Angers, Décret, 31 mars 1884.

trôler la situation financière des caisses de secours de son diocèse.

*c)* La contravention aux lois et règlements de la République. Ce cas rentre du reste toujours, dans le précédent. On peut citer comme exemple, la critique d'une loi, faite dans une lettre pastorale destinée à être lue en chaire (1).

*d)* L'infraction aux règles consacrées par les canons reçus en France. Par « canons reçus en France » on entend : 1° les canons enregistrés par les Parlements avant 1789 et par le Conseil d'Etat depuis l'an X, et 2° ceux de ces canons, seulement, qui ont été consacrés par le Concordat et les articles organiques. Ainsi il y a abus, de la part d'un évêque, à exiger de curés inamovibles, au moment de leur nomination, la renonciation à leur inamovibilité elle-même (2). Mais un prêtre interdit par son évêque, ne peut recourir pour abus, que si les formalités *substantielles* préparatoires, n'ont pas été observées dans la décision épiscopale.

*e)* L'attentat aux libertés, franchises et coutumes de l'Église gallicane.

Le Conseil d'État décide par exemple qu'il y a abus, dans la publication faite par un mandement épiscopal, d'une encyclique non reçue en France (3).

*f)* Enfin « toute entreprise ou tout procédé, pouvant compromettre l'honneur des citoyens, troubler arbitraire-

---

(1) Evêque de Séez. Décret du 16 mars 1886.
(2) Evêque de Moulins. Décret du 6 avril 1857.
(3) Cardinal de Bonald, archevêque de Lyon, ord. du 9 mars 1845.

ment leur conscience, dégénérer contre eux en oppression ou injure, ou en scandale public ».

En vertu de ce texte, le Conseil d'État a déclaré abusive la lettre pastorale qui interdit aux instituteurs, aux élèves et à leurs parents, de se servir d'un livre de morale civique, condamné par la congrégation de l'Index (1). Est également abusif, le refus de sépulture religieuse, *lorsque les circonstances qui l'ont accompagné* constituent un scandale public (2).

Tels sont les six cas d'abus ecclésiastiques. Une *condition essentielle* est requise pour que le recours soit admis : L'acte reproché au ministre du culte, doit avoir été commis dans l'exercice de son ministère. S'il en est autrement cet acte ne peut donner lieu qu'à des poursuites ordinaires devant les tribunaux de droit commun et conformément aux principes généraux du droit. Dans certains cas, dans le dernier par exemple, il faut que l'acte ait été commis publiquement.

L'article 7 de la loi organique décide qu' « il y aura pareillement recours » au Conseil d'État, s'il est porté atteinte à l'exercice public du culte et à la liberté que les lois et règlements garantissent à ses ministres ». C'est le recours fondé sur l'abus des fonctionnaires de tout ordre et de tout rang contre le pouvoir spirituel. Mais les évêques ont en général renoncé à se servir de ce moyen.

C. Procédure du recours pour abus. — L'article 8 orga-

---

(1) Archevêque d'Albi, évêques d'Annecy et Viviers, D. 28 avril 1883.
(2) Affaire de Montlosier, évêque de Moulins, ord. 30 décembre 1838.

nique est ainsi conçu : « Le recours pour abus compètera à toute personne intéressée. A défaut de plainte particulière, il sera exercé d'office par les préfets. Le fonctionnaire public, l'ecclésiastique, ou la personne qui voudra exercer ce recours, adressera un mémoire détaillé et signé au Conseiller d'État chargé de toutes les affaires concernant les cultes, lequel sera tenu de prendre, dans le plus court délai, tous les renseignements convenables, et, sur son rapport, l'affaire sera suivie et définitivement terminée dans la forme administrative, ou renvoyée, selon l'exigence des cas, aux autorités compétentes ».

Ainsi donc, deux hypothèses sont à prévoir. *Ou bien* il y a un particulier intéressé et cette partie agit. Dans ce cas aucune complication n'est possible ; si ce particulier venait à décéder, le recours appartiendrait à ses héritiers. *Ou bien* c'est le pouvoir civil en général, la puissance publique, qui a intérêt, soit parce qu'il n'y a pas de partie intéressée, soit parce que celle qui existe, n'agit pas. L'article 8 donne alors aux préfets le droit de former le recours. Si le préfet ne le fait pas, c'est le ministre, son chef hiérarchique, qui en a le droit. Mais il a été jugé que ni le maire ni un habitant d'une commune ne pourraient former le recours, au nom des intérêts de la commune (1). « Le gouvernement, disait Portalis, ne doit pas abandonner aux autorités locales, des objets sur lesquels il importe qu'il y ait unité de conduite et de principe ».

_________

(1) Ord. 24 juillet 1845 et D. 27 novembre 1859.

Le mémoire doit être adressé *détaillé* et signé, *au ministre des cultes.* Le Conseil d'Etat a en effet refusé d'examiner des recours, qui lui avaient été directement adressés
par requête (1). La partie est libre de prendre ou de ne
pas prendre un avocat, car en toute matière administrative, comme celle-ci, le ministère des avocats au Conseil
d'Etat n'est pas obligatoire.

Le dossier est envoyé au secrétariat général du Conseil
d'Etat, qui le fait parvenir au président de la section de
l'Intérieur. Un rapporteur (2) est nommé. Si l'affaire n'est
pas suffisamment instruite, la section peut demander un
supplément d'information. Si, au contraire, elle est suffisamment éclairée, elle arrête le projet de décret, qui est
ensuite soumis à l'approbation de l'assemblée générale et
enfin à la signature du Président de la République, contre-
signée des Ministres de la Justice et des Cultes.

Par un étrange oubli du législateur, qui n'a du reste jamais été réparé, aucun *délai* n'est imparti aux personnes,
qui veulent former un recours pour abus. Des inconvénients peuvent en résulter : ainsi un curé de canton est
déposé canoniquement par son évêque, et le chef de l'État
a donné son assentiment à cette mesure. L'évêque nomme,
toujours avec l'assentiment du gouvernement, le successeur qui devient aussitôt inamovible. Quelque temps après
le curé déposé, forme un recours pour abus ; le Conseil

(1) Ord. 19 mars 1817 et 7 avril 1819.
(2) C'est toujours, en matière d'abus, un Conseiller ou un maître des re-
quêtes et non un simple auditeur.

d'Etat, ou plutôt le Président de la République déclare qu'il y a abus, dans la mesure prise par l'évêque, et brise cette décision. Comment sortir de cette impasse, où deux inamovibles se trouvent au même poste, et où le chef de l'État s'est donné un démenti à lui-même.

Le Conseil d'Etat avait, en 1851, appelé l'attention du Ministre des cultes, sur cette situation anormale. Aucune loi n'est intervenue, pour la faire disparaître.

De même, lorsque dans une poursuite dirigée contre un ecclésiastique pour infraction à un arrêté de police par exemple, le prévenu soutient que cet arrêté constitue un abus de l'autorité séculière, le tribunal doit surseoir et attendre que le Conseil d'État ait dit s'il y avait ou s'il n'y avait pas abus. Mais comme c'est au prévenu à recourir pour abus et qu'il n'y a pas de délai pour ce faire, l'action de la justice peut être ainsi paralysée pour longtemps. D'autres exemples du même genre pourraient être cités.

Dans ce cas, une circulaire du garde des sceaux, du 18 août 1886, est venue indiquer le biais à prendre pour éviter cet inconvénient. Elle a prescrit aux procureurs généraux et à leurs subordonnés du ressort, lorsque des faits semblables se produiraient, de demander au tribunal de fixer un délai à la partie qui excipe de l'abus ; passé ce délai, si le recours n'est pas *introduit* devant le Conseil d'État, le tribunal pourra ne tenir aucun compte de l'exception. C'est parfait, mais nous ferons observer que la question n'est pas entièrement résolue. Même après le jugement du tribunal, le recours pour abus peut être formé et reconnu fondé par le Conseil d'État. On pourra voir ainsi deux décisions judiciaires, contraires l'une à l'autre.

Ce que nous venons de dire sur l'inconvénient résultant de l'absence de délai, dans le recours pour abus, lorsqu'une poursuite à fin pénale est intentée devant les tribunaux ordinaires, nous amène tout naturellement à la fameuse question qui a si longtemps divisé la Cour de cassation et le Conseil d'État : L'autorité judiciaire saisie d'une instance contre un ecclésiastique, à raison d'un fait se rattachant à l'exercice de ses fonctions, et renfermant à la fois un abus et un crime, un délit, ou une contravention, doit-elle surseoir à statuer jusqu'à ce que le Conseil d'État ait déclaré l'abus, ou tout au moins, ait autorisé la poursuite ?

On s'accordait bien à reconnaître aux tribunaux ordinaires, le droit de décider si oui ou non, le fait avait été commis dans l'exercice des fonctions ecclésiastiques (1) ; mais lorsque l'affirmative était reconnue, la division naissait.

Le Conseil d'État avait de tout temps et jusqu'en 1880, jugé que son autorisation préalable était *toujours* nécessaire pour permettre des poursuites judiciaires.

Il s'appuyait sur l'article 8 organique d'après lequel : « ..... l'affaire sera suivie (devant le Conseil d'État) et *terminée dans la forme administrative, ou renvoyée, selon l'exigence des cas, aux autorités compétentes* ».

La Cour de cassation distinguait les poursuites intentées

(1) Cassation, 8 mai 1869. — Tribunal des Conflits, 1er mai 1875.

par des particuliers de celles dirigées par les membres du
ministère public. Pour les premières elle admettait toujours la doctrine du Conseil d'État, c'est-à-dire la nécessité
de l'autorisation préalable. Pour les secondes, elle faisait
une sous-distinction : *ou bien* l'acte reproché à l'ecclésiastique, bien que dans l'exercice de ses fonctions, pouvait
cependant se distinguer intellectuellement de cet exercice,
par exemple, les attaques contre les lois de l'État, conte-
nues dans une lettre pastorale ; la jurisprudence de la Cour
de cassation reconnaissait alors au ministère public, le
droit de poursuivre sans autorisation préalable du Conseil
d'État.

*Ou bien* l'acte incriminé ne pouvait être séparé intellectuellement de l'exercice du culte, comme dans le fait de
sortir en procession sur la voie publique, contrairement à
un arrêté de police, et la Cour imposait la nécessité du
recours préalable.

Après le décret du 19 septembre 1870, abrogeant le fameux article 75 de la constitution de l'an VIII (1), point
de mire de toutes les oppositions politiques, dans ce siècle,
ainsi que « toutes dispositions de lois spéciales ou générales, ayant pour but d'entraver les poursuites dirigées contre les fonctionnaires publics de tout ordre », on put croire
que la division allait cesser (2).

(1) Cet article était considéré comme ayant survécu à la Constitution de
l'an VIII. Il édictait la nécessité de l'autorisation préalable du Conseil
d'État, pour la poursuite des *fonctionnaires* publics de tout ordre, à *raison de faits commis dans l'exercice de leurs fonctions.*
(2) V. Ducrocq, *Droit administratif*, 5ᵉ édition, n° 729.

Il n'en fut rien. Et la Cour de cassation décida (1) que n'ayant jamais considéré l'article 75 de la constitution de l'an VIII, comme applicable aux ecclésiastiques, elle ne leur appliquerait pas davantage le décret du 19 septembre 1870, parce qu'à ses yeux, les ecclésiastiques n'étaient pas des fonctionnaires.

Tandis que la Cour de cassation persévérait ainsi dans sa jurisprudence antérieure, le Conseil d'Etat aggravait encore le désaccord. Par un décret du 17 août 1880, il décidait que les membres du ministère public pouvaient poursuivre directement devant les tribunaux, les infractions commises par les ecclésiastiques dans l'exercice du culte, sans qu'il fût nécessaire de recourir préalablement à son autorisation. Puis par un autre décret du 17 mars 1881, il reconnaissait aux particuliers le même droit qu'au ministère public.

La division était complète, et le Conseil d'Etat, à la suite d'un arrêt rendu par la Cour de cassation le 17 janvier 1883, toujours conforme à son ancienne jurisprudence, signala au gouvernement les inconvénients très graves qui en pouvaient résulter : le particulier ou le ministère public, qui intentait une action contre un ecclésiastique, se voyait refuser toute justice par les tribunaux, jusqu'à ce qu'il ait pu justifier d'une autorisation ou tout au moins d'une déclaration d'abus par le Conseil d'Etat. S'il recourait à cette juridiction administrative, il s'en voyait égale-

(1) Arrêt du 25 mars 1880.

ment refuser l'accès, par ce motif qu'il n'y avait aucune autorisation préalable à donner.

Fort heureusement par un arrêt du 2 juin 1888 la Cour de cassation a complètement changé sa jurisprudence, et décidé que l'autorisation préalable du Conseil d'Etat n'était nécessaire ni au ministère public, dans aucun cas, ni même aux simples particuliers, pour la poursuite des ministres du culte.

D. Effets de l'abus. — La déclaration d'abus, faite par le chef de l'État, le Conseil d'État entendu, est un blâme public infligé à celui qui en est l'objet. Lorsque l'acte qui a motivé l'abus, a une existence matérielle comme un mandement, la suppression en est prononcée. Le décret est alors ainsi rédigé : « Le Président de la République... décrète : Art. 1ᵉʳ. — Il y a abus dans la lettre pastorale de..... Art. 2. — La dite lettre est et demeure supprimée ».

Si l'acte n'a pas une existence matérielle, si c'est par exemple une décision disciplinaire d'un évêque contre un membre du clergé de son diocèse, le chef de l'État se borne à déclarer l'abus. Mais si la mesure prise par l'évêque est considérée comme un empiètement sur le pouvoir civil et que son exécution puisse être empêchée, le décret prononce l'annulation de la décision épiscopale.

Enfin le gouvernement peut donner à la déclaration d'abus, telle publicité qu'il lui plaît.

Mais le chef de l'État ne peut pas aller plus loin et infliger une pénalité quelconque à la personne, civile ou

ecclésiastique, frappée par la déclaration d'abus. Pourrait-
il cependant déclarer d'office qu'il y a lieu à des poursuites pénales? Le Conseil d'État à l'occasion d'un décret du
9 juin 1883, s'est nettement prononcé pour la négative:
« De deux choses l'une, en effet, disait le rapporteur de la
section de l'Intérieur: si cet ordre était exécuté, il pourrait être en certains cas, dangereux et inopportun, et exposer le gouvernement à des difficultés dans le pays et
dans le parlement. Si, au contraire, l'ordre restait inexé-
cuté, il accuserait un dissentiment fâcheux... Nous n'a-
vons pas besoin d'ajouter que le ministère public conserve
son indépendance et que le silence de notre décision, ne
sera pas plus une renonciation au droit de poursuivre, que
le renvoi ne constituerait la mise en mouvement de l'action publique ».

### SECTION II. — **Attributions temporelles.**

Comme nous l'avons dit au début de ce chapitre, l'évêque, même dans l'exercice de ses attributions dites temporelles, agit *comme* et *parce que* représentant de la puissance spirituelle. Il n'en est pas moins, même en cette
qualité, le défenseur né des intérêts matériels de la religion dans son diocèse, et c'est à ce titre que la loi lui reconnaît les fonctions que nous allons successivement passer en revue.

1° *Formation des circonscriptions ecclésiastiques.* — Qu'il
s'agisse de l'érection d'une cure, d'une succursale, d'une

chapelle communale, vicariale ou de secours, d'une annexe ou d'un oratoire privé, le droit de l'évêque est certain, il doit *concourir* à cette érection. Il y concourt en donnant son avis motivé sur ce qu'il croit être l'intérêt de la religion et aussi sur la possibilité ou l'impossibilité dans laquelle il se trouve de donner au nouveau titre ecclésiastique, un titulaire.

Le gouvernement pourrait-il créer une cure ou une succursale, sans le consentement de l'évêque ? On a voulu le soutenir, bien à tort, selon nous, car les textes abondent même dans le Concordat et les articles organiques pour bien établir la nécessité du concours des deux volontés du gouvernement et de l'évêque. Voici ce que dit l'article 9 du Concordat : « *Les évêques feront* une nouvelle circonscription des paroisses de leurs diocèses, qui n'aura d'effet que d'après le *consentement* du gouvernement ». Et l'article 61 de la loi du 18 germinal : « Chaque évêque, de *concert* avec le préfet, réglera le nombre et l'étendue des succursales. Les plans arrêtés seront soumis au gouvernement et ne pourront être mis à exécution sans son autorisation ».

Du reste le bon sens ne dit-il pas, que le premier intéressé et le plus compétent, lorsqu'il s'agit du développement religieux, c'est l'évêque. C'est lui qui doit proposer l'érection, qui doit même ériger, et le « consentement du gouvernement n'est qu'une permission d'ériger » ainsi que le reconnaît formellement une instruction ministérielle du 10 messidor an XII.

Toutes les interprétations en sens contraire qu'on a voulu tirer du mot « consentement » se heurtent à l'évidence du texte et de l'esprit de la loi.

On serait en droit de s'étonner que cette question ait été soulevée, car on n'a jamais pu reprocher au gouvernement un excès de zèle à créer de nouvelles paroisses, et les évêques au contraire, n'ont guère dû se faire prier, pour accepter les érections raisonnables qu'on leur proposait. On aura le mot de l'énigme en apprenant que la question n'a été soulevée qu'en 1882 et parce qu'elle se rattachait étroitement à une autre, plus compréhensible celle-là, mais dont la solution dépendait, au moins en grande partie, de la réponse qu'on donnait à la première. Voici cette autre question : Le gouvernement peut-il sans le consentement de l'évêque, *supprimer* une succursale ».

L'affirmative a été pour la première fois soutenue par M. Flourens, directeur général des cultes, dans une note adressée au Conseil d'État, le 29 juillet 1882, à l'appui des demandes de suppression, des succursales d'Ozières (Haute-Marne), l'Orbelaye (Manche), Kernascleden (Morbihan), Lamothe-Landeron (Gironde), etc... Cette note a reçu l'approbation du Conseil d'État, dans son avis des 14 et 21 décembre 1882.

Tout d'abord, il est permis de s'étonner, que l'Administration ne se soit aperçue des droits que lui conféraient le concordat et la loi de germinal an X que quatre-vingts ans après leur promulgation. Ce n'est pas, certes, qu'il n'y ait eu dans l'intervalle, des succursales à supprimer. Mais

jusque là, on avait en effet considéré le consentement de
l'évêque comme nécessaire. M. Flourens le reconnaît lui-
même : « Si jusqu'à ces dernières années, le gouvernement
a pu *obtenir* en cette matière, quelques rares *concessions*,
c'est que la loi de finances mettait chaque année, à sa disposition, des crédits relativement considérables, pour la création de titres nouveaux. Il pouvait donc promettre plusieurs créations, à celui qui *condescendait à tolérer* une
suppression. Mais ce moyen de persuasion n'est plus à la
disposition de l'administration supérieure, depuis que les
crédits, pour la fondation des succursales, ont cessé de figu-
rer au budget ».

On a compris que la grosse objection qui s'élèverait contre cette théorie, était la suivante : Il est impossible de nier,
du moins on l'avait cru jusqu'ici, que le consentement de
l'évêque est indispensable pour la *création* d'une succursale. Mais c'est un principe constant, une maxime primor-
diale de notre droit public et privé, que ce qui a été créé
par l'accord de deux volontés, ne peut être détruit, dissout
que par le mutuel dissentement. Aussi a-t-on fait des efforts
de dialectique, pour arriver à établir que là encore, c'est-
à-dire pour la création d'une succursale, le consentement
de l'évêque n'était pas nécessaire. D'après la note précitée,
l'évêque ne serait plus en cette matière « qu'un agent d'information » pour le gouvernement, son avis, « qu'un des
éléments du dossier » ; le Conseil d'Etat a bien voulu ajouter : « un élément *essentiel* ».

Pour en arriver là, on interprète d'abord les articles du

Concordat et de la loi organique, qui exigent *l'autorisation* du gouvernement pour l'érection d'une succursale, en
ce sens que le gouvernement *seul* a le droit d'en créer. On
dit : puisque l'autorisation du gouvernement est nécessaire, c'est que celle de l'évêque ne l'est pas !! Et qu'on ne
croie pas à une exagération de notre part, dans l'interprétation de la note.

Après les articles des lois concordataires, on se prévaut
de plusieurs décrets du premier empire qui ne disent pas
autre chose que les articles cités plus haut, et qui se réfèrent à eux. Qu'on en juge plutôt :

L'article 1ᵉʳ du décret du 11 prairial an XII s'exprime
ainsi : « Conformément aux articles 60 et 61 de la loi du
18 germinal an X, les évêques de concert avec les préfets
procèderont à une nouvelle circonscription des succursales, de manière que leur nombre ne puisse excéder les besoins des fidèles ». On souligne les derniers mots de cet
article, on insiste sur eux : Puisque le nombre des succursales ne doit pas dépasser les besoins des fidèles, c'est que
« la proposition épiscopale est reléguée au rang de simple
renseignement ». Mais essaierons-nous d'objecter, qui est
juge de savoir si les besoins des fidèles sont excédés ? Le
bon sens et... la loi répondent : « l'évêque de *concert* avec
le préfet... ». De même le décret du 30 septembre 1807 qui
porte de 24.000 à 30.000 le maximum des succursales qui
pourront être érigées, dit dans son article 3 : « Cette répartition aura lieu à la diligence des évêques *de concert*
avec les préfets. . ».

Nous ne voyons donc pas très bien, comment on peut induire de ces divers décrets, que le gouvernement considérait alors les évêques comme de simples « agents d'information », surtout lorsqu'une instruction ministérielle du 10 messidor an XII, véritable paraphrase de la loi de germinal an X, reconnaît que l'autorisation du gouvernement n'est qu'une « permission d'ériger ».

Nous ferons observer enfin, que si un évêque ne veut pas ériger une succursale, il n'est pas de pouvoir pour l'y contraindre puisque c'est lui qui érigera canoniquement le titre et qui investira le titulaire, deux choses sans lesquelles une succursale ne peut exister.

Toute l'argumentation de M. Flourens tendait à dénier aux évêques le droit de ne pas consentir à l'érection d'une succursale pour leur refuser celui de s'opposer à sa suppression. Si nous avons fait justice de la majeure de ce syllogisme, nous croyons pouvoir en repousser la conclusion, en vertu de cette règle constante commune à toutes les législations et que les Romains exprimaient ainsi : « *quod consensu contractum est, contrario voluntatis adminiculo dissolvitur* (1) » : Le consentement mutuel peut seul détruire ce qu'il avait formé.

Les règles indiquées pour les succursales, s'appliquent à l'érection des autres titres ecclésiastiques et des chapitres cathédraux ou à la réunion de ces derniers à des cures. Le concours de l'évêque et du gouvernement est toujours nécessaire, même pour l'érection d'un oratoire privé. Ici

(1) Loi 1, Code just., XLV.

tout le monde s'accorde à reconnaître que l'évêque seul doit proposer l'érection.

2° *Organisation des fabriques*. — L'évêque a un rôle considérable à jouer dans l'organisation et les attributions des Conseils de fabriques, établis auprès des églises *cathédrales, curiales, succursales* ou des *chapelles*.

Et d'abord dans leur *organisation*. Le décret du 30 décembre 1809 qui est le véritable Code des fabriques, distingue deux classes de fabriques. Dans les paroisses (cures ou succursales, peu importe) où la population s'élève au-dessus de 5.000 âmes le conseil de fabrique doit être composé de *neuf* membres élus, plus deux membres de droit : le curé et le maire. Dans les paroisses où la population n'atteint pas ce chiffre, il comprend *cinq* membres élus, seulement. Dans ces conditions, lorsqu'il y a à créer un conseil de fabrique ou à le réorganiser d'une façon complète, par exemple après une révocation ou une démission collective, l'évêque a le droit de nommer cinq membres, ou trois membres, suivant qu'il s'agit d'une fabrique de la première ou de la seconde classe. Le préfet nomme à son tour les quatre ou les deux autres membres.

Le conseil de fabrique ainsi composé, se renouvelle lui-même, tous les trois ans, par voie de cooptation, dans les proportions suivantes : Au bout des trois premières années cinq membres dans les fabriques de la première classe et trois dans celles de la seconde, sont tirés au sort et sont déclarés sortants. Ils peuvent être réélus. Dans la suite, ce sont toujours les plus anciens en fonctions, qui sortent

tous les trois ans et sont soumis à réélection. Mais, et c'est
là que nous voulions en venir, si le Conseil de fabrique
néglige de procéder à son renouvellement à l'époque fixée,
l'évêque a le droit, après avoir imparti un délai d'un mois
aux fabriciens, de nommer lui-même les cinq ou les trois
membres qui auraient dû être soumis à la réélection. Si
deux ou plus de deux renouvellements ont été ainsi omis
par le Conseil de fabrique, il est tout entier à renouveler.
La loi n'ayant pas formellement prévu ce cas, on se demande si l'évêque pourra seul nommer les neuf ou les cinq
membres à la fois, puisqu'à la première omission il aurait
pu en nommer cinq ou trois et à la seconde quatre ou deux,
c'est-à-dire tout le Conseil en deux fois.

La question est assez délicate et les textes comme les
principes font à peu près défaut pour la trancher. Il parait
cependant plus conforme à l'esprit de la loi, d'assimiler
ce cas à celui où il y aurait eu révocation ou démission
collective, et de reconnaître la nécessité du concours de
l'évêque et du préfet, dans les proportions indiquées par
l'article 6 du décret.

L'article 10 assigne au Conseil de fabrique des réunions
ordinaires, les premiers dimanches d'avril, de juillet, d'octobre et de janvier. Mais il ajoute qu'il pourra être assem-
blé extraordinairement avec l'autorisation de l'évêque ou
du préfet. Celui de ces deux personnages qui autorise la
réunion doit en donner avis à l'autre.

Enfin le décret du 12 janvier 1825, article 5, décide que
le Conseil de fabrique pourra être dissout pour toute cause

grave, par un arrêté du Ministre des cultes, rendu sur la proposition de l'évêque, et après avis du préfet.

L'évêque, avons-nous dit, exerce aussi un contrôle sur les *attributions* du Conseil de fabrique. L'article 47 du décret de 1809 lui donnait le droit exclusif d'approuver le budget des fabriques, et par là même celui d'en modifier les dépenses, et d'y inscrire d'office celles indispensables et *obligatoires*, que le Conseil de fabrique, aurait refusé de voter. Après l'approbation épiscopale, mais alors seulement, le budget de la fabrique devient exécutoire.

De même, l'évêque a le droit de se faire représenter par un commissaire, à la séance où le trésorier de fabrique présente et justifie son compte annuel. En cours de visites pastorales, il peut également « se faire représenter tous comptes, registres et inventaires, et vérifier l'état de la caisse » (art. 87).

Des poursuites judiciaires sont exercées par le parquet contre le trésorier infidèle, soit d'office, soit sur la demande d'un fabricien, soit sur l'ordonnance rendue par l'évêque en cours de visites. Cette matière a été complètement modifiée par la loi de finances de 1892 (27 janvier) qui soumet le budget et la comptabilité des fabriques aux règles générales de la comptabilité publique, c'est-à-dire au contrôle du Conseil de préfecture et de la Cour des comptes.

L'article 72 décide que le bienfaiteur d'une église qui veut obtenir la concession d'une chapelle ou d'un banc, pour sa famille, doit obtenir l'autorisation de l'évêque et du Ministre des Cultes. La même autorisation est requise pour l'apposition dans l'église d'une inscription ou d'un monument de quelque genre qu'il soit.

Enfin aux termes des articles 96 et 97 du décret : « Si le Conseil municipal (auquel la fabrique s'est vue dans la nécessité de demander un secours pécuniaire) est d'avis de demander une réduction sur quelques articles de dépense de la célébration du culte, et dans le cas où il ne reconnaîtrait pas la nécessité de l'établissement d'un vicaire, sa célébration en portera les motifs. Toutes les pièces seront adressées à l'évêque, qui prononcera.

« Dans le cas où l'évêque prononcerait contre l'avis du Conseil municipal, ce conseil pourra s'adresser au préfet et celui-ci enverra, s'il y a lieu, toutes les pièces au Ministre des Cultes, pour être par nous (le chef de l'État), sur son rapport, statué en notre Conseil d'État, ce qu'il appartiendra ».

Avant de terminer nos observations sur le contrôle des évêques dans les attributions des conseils de fabrique, rappelons les dispositions des lois du 18 germinal an X et du 5 avril 1884 sur les *sonneries des cloches.*

Aux termes de l'article 48 de la loi organique : « L'évêque se concertera avec le préfet pour régler la manière d'appeler les fidèles au service divin par le son des cloches ».

En fait très peu de règlements de cette nature étaient intervenus ; l'usage seul voulait que le maire pût faire sonner les cloches, par exemple pour les grandes réjouissances nationales, ou dans les cas de péril commun exigeant un prompt secours.

L'article 100 de la loi du 5 avril 1884 sur l'organisation municipale, renouvelle la prescription de la loi de germinal : « Les sonneries religieuses comme les sonneries civiles, feront l'objet d'un règlement concerté entre l'évêque et le préfet... et arrêté en cas de désaccord, par le Ministre des Cultes ».

Le Ministre des Cultes adressa aux préfets un modèle de règlement qui a été un peu partout utilisé.

Une fois le règlement sur la sonnerie des cloches définitivement arrêté, il est obligatoire pour tous, et il a été jugé que le maire ne pourrait pas y déroger par un règlement de police. Son arrêté serait illégal (1).

La Cour de cassation a encore jugé, que les contraventions à ces règlements sur les sonneries des cloches, concertés entre l'évêque et le préfet ne sont pas punissables (2), et notamment qu'on ne saurait leur appliquer l'article 471, 15°, du Code pénal édictant une amende de un à cinq francs, contre « ceux qui auront contrevenu aux règlements légalement faits par l'autorité administrative », ou par l'autorité municipale. Ces règlements n'émanent en effet, ni de l'autorité administrative, ni de l'autorité municipale, mais d'une autorité particulière, le concert de l'évêque et du préfet, et la loi qui établit ce pouvoir ré-

_________________

(1) Cassation, 17 novembre 1882.
(2) Cassation, 13 mai 1887.

glementaire spécial, n'a fixé aucune pénalité pour assurer l'exécution de ses décisions.

3° *Surveillance et tutelle exercée par l'évêque sur tous les établissements religieux de son diocèse.*

Nous voulons parler de la tutelle exercée par l'évêque au point de vue des intérêts temporels de ces établissements. Le rôle principal de l'évêque en cette matière, qu'il s'agisse de chapitres, de séminaires, de fabriques, ou d'établissements pouvant se rattacher à la mense épiscopale, le rôle principal de l'évêque, est d'autoriser toutes leurs opérations telles que ventes, achats et d'accepter lui-même les libéralités qui leur sont faites, lorsqu'il y a charge de service religieux. Son autorisation doit alors se combiner avec celle du Gouvernement (1).

C'est également l'évêque, en vertu de son pouvoir de tutelle, qui participe aux demandes de secours pour acquisitions ou réparations à faire aux églises, presbytères etc. Toutefois il est un établissement ecclésiastique, « les caisses de secours pour les prêtres âgés et infirmes », organisé en exécution du décret du 13 thermidor an XIII, pour lequel le Conseil d'État ne reconnaît pas à l'évêque le droit d'accepter les libéralités ni d'autoriser les autres actes de la vie civile. Ce serait au trésorier de la « caisse de secours » qu'il appartiendrait de représenter cet établissement dans les actes de la vie civile.

L'évêque d'Angers s'était, en 1884, opposé à certaines

(1) Décrets du 30 décembre 1809, du 6 novembre 1813, du 15 février 1862.

mesures qu'il considérait comme oppressives de la part de l'État, et notamment à la nomination par le chef de l'État d'un administrateur provisoire, chargé de « contrôler la situation financière de la caisse de secours de son diocèse », de se faire rendre compte de l'administration antérieure et de gérer l'établissement jusqu'à son organisation définitive sur les bases indiquées par l'administration. Le Conseil d'État, dans un décret du 31 mars 1884, a déclaré toutes ces mesures parfaitement légitimes, et prononcé l'abus contre l'évêque d'Angers.

Ce décret met les « caisses de secours pour les prêtres âgés et infirmes » dans la complète dépendance du gouvernement. Nous doutons que ce soit là, une juste interprétation du décret du 13 thermidor an XIII qui donnait aux évêques seuls, le droit d' « adresser au Ministre des Cultes, un projet de règlement pour déterminer le mode et les précautions relatifs aux prélèvements à faire sur le produit des chaises, dans toutes les églises du diocèse, pour alimenter ces caisses de secours, ainsi que la manière d'en appliquer le résultat et d'en faire la répartition ».

Tous les établissements ecclésiastiques dont nous venons de parler, intéressent bien l'évêque d'une façon plus ou moins directe ; mais il en est un qui le touche encore de plus près, puisqu'il lui emprunte sa personnalité elle-même. Nous voulons parler de la mense épiscopale, que nous étudierons dans un appendice distinct, à cause de son importance.

# APPENDICE


## DES MENSES ÉPISCOPALES.

I. La mense épiscopale est un établissement public destiné, par les biens qu'il est autorisé à posséder, à améliorer la situation temporelle de l'évêque. Les charges considérables qui pèsent sur le chef d'un diocèse, rendent insuffisante, le gouvernement le reconnaît, l'indemnité de 10.000 ou de 15.000 francs que des considérations budgétaires et autres interdisent d'augmenter.

On a vainement contesté l'existence légale des menses épiscopales. Pour l'établir, il suffit de voir quelle en a été l'origine.

Ce n'est ni dans le Concordat, ni dans la loi de germinal que les menses épiscopales ont trouvé leur organisation définitive. Mais le Concordat disait d'une façon très générale dans l'article 15 : « Le gouvernement prendra également des mesures pour que les catholiques français puissent, s'ils le veulent, faire en faveur des églises, des fondations ».

Pour répondre à cette clause du contrat, l'article 73 de la loi organique, porte : « Les fondations qui ont pour objet l'entretien des ministres et l'exercice du culte ne pourront consister qu'en rentes constituées sur l'État ; elles seront acceptées par l'évêque diocésain, et ne pourront être exécutées qu'avec l'autorisation du gouvernement ».

Ce texte est évidemment très important ; il crée, à notre avis, nous le verrons plus loin, une personne morale, et nous croyons aussi que les menses épiscopales y sont virtuellement consacrées. Mais une organisation plus détaillée était nécessaire, à cause du caractère particulier des menses, et des règles spéciales qui leur ont été de tout temps, appliquées. Une circonstance nouvelle amena du reste le gouvernement, à réglementer en détail cette matière. En 1812, plusieurs provinces d'Italie furent annexées à la France, dans lesquelles les biens ecclésiastiques étaient régis par les canons du Concile de Trente, qui n'avaient jamais été reçus en France. C'est dans ces circonstances que fut rendu le décret du 6 novembre 1813, *sur la conservation et l'administration des biens que possède le clergé*. Ce décret est divisé en trois titres : le premier traite des biens des cures, le second, des biens des menses épiscopales, le troisième enfin des biens des chapitres cathédraux et collégiaux.

On a contesté, à deux points de vue, la vertu que pouvait avoir ce décret, de créer la personnalité civile des menses épiscopales. D'abord, a-t-on dit, ce décret n'était relatif qu'aux provinces italiennes récemment annexées ; son titre lui-même portait : Décret sur la conservation et l'administration des biens que possède le clergé, *dans quelques parties du territoire*. Mais on a, depuis longtemps, fait justice de cette interprétation, avec les paroles même de Bigot de Préameneu qui dans l'exposé de motifs déclare ce décret relatif à « *toutes les diverses parties de la France* ».

On a aussi invoqué le caractère inconstitutionnel de ce décret, pour en révoquer l'autorité. La loi seule, d'après la constitution de l'an VIII encore en vigueur en 1813, pouvait créer les personnes morales. Il n'était pas au pouvoir, même de l'Empereur par un décret en Conseil d'État, de se substituer à la loi, en cette matière. Ce décret est en effet du nombre assez considérable de ceux qui, sous le premier empire, furent rendus contrairement à la constitution de l'an VIII. Mais comme cette constitution déclarait que les décrets inconstitutionnels devaient être attaqués devant le Sénat conservateur » sous certaines formes et dans certains délais, le silence du Sénat les a tous couverts de l'illégalité qui les entachait, et leur a donné force de loi.

Du reste, nous l'avons déjà fait remarquer en passant, les menses épiscopales existaient déjà en 1813, le texte qui leur a donné l'être, est, à notre avis, l'article 73 de la loi de germinal. Seulement, jusqu'en 1813 les menses épiscopales se confondaient, avec une autre personnalité morale plus générale, que l'article 73 de la loi de germinal avait bien réellement créée. Mais nous sommes ainsi amenés, à supposer résolue une question importante, que nous nous empressons d'aborder.

II. La mense épiscopale est-elle la seule personne morale qui se rattache à l'évêque ? N'y en a-t-il pas une autre plus générale, répondant à des besoins plus généraux ? En d'autres termes : *L'évêché ou diocèse, n'a-t-il pas, lui aussi, la personnalité civile ?*

Il y a sur cette question fameuse trois arrêts de principe
du Conseil d'Etat : en 1841, cette assemblée s'est prononcée pour la négative ; en 1874 pour l'affirmative et en 1880
elle est revene à sa première théorie.

Nous n'hésitons pas, pour notre part à nous prononcer
pour la personnalité civile du diocèse. L'arrêt du 13 mai
1874, rendu par le Conseil d'Etat, résume admirablement
cette théorie et nous croyons très utile d'en mettre ici le
texte sous les yeux du lecteur :

« Considérant que l'article 73 de la loi organique du
18 germinal an X, rendu en exécution de l'article 15 du
Concordat, confère à l'évêque le droit d'accepter des fondations ayant pour objet l'entretien des ministres et l'exercice du culte, et que le décret du 10 thermidor an XIII lui
permet de prélever le sixième du produit de la location
des chaises dans les églises, pour en former un fond de
secours à répartir entre les prêtres âgés ou infirmes ; *que
ces dispositions impliquent la personnalité civile des diocèses*, reconstitués en exécution du Concordat par la loi
du 18 germinal an X ; qu'ainsi au moment où fut votée la
loi du 2 janvier 1817, les diocèses se trouvaient au nombre des établissements ecclésiastiques reconnus qui peuvent, aux termes de cette loi, accepter des libéralités et
acquérir des biens meubles et immeubles ; que l'article 3
de l'ordonnance du 2 avril 1817, rendue pour l'exécution
de la loi précitée, qui désigne l'évêque diocésain pour accepter les legs faits à l'évêché, comprend, sous la dénomination d'évêché, l'ensemble des intérêts exprimés, soit dans

ladite ordonnance, soit dans les lois antérieures, sous les noms d'église, diocèse, mense épiscopale et autres établissements diocésains ; que rien, ni dans le texte, ni dans les travaux préparatoires de l'ordonnance de 1817, n'indique qu'elle ait entendu attribuer au mot *évêché*, le sens restreint de *mense épiscopale* ; qu'au contraire, dans un grand nombre de textes législatifs, notamment dans les articles 2 et 3 du Concordat, 36 et 58 de la loi du 18 germinal an X, 107 et 111 du décret du 30 décembre 1809, les mots *évêché* et *diocèse* sont synonymes et employés indifféremment par le législateur ; *que les actes spéciaux qui ont constitué certains établissements diocésains particuliers, n'ont pu avoir pour résultat d'enlever au diocèse sa personnalité*, pas plus que les établissements spéciaux institués dans le département n'effacent la personnalité du département ; *que ces établissements particuliers sont d'ailleurs loin de suffire à tous les intérêts religieux du diocèse* ; que, par application de ces principes, avant comme après l'ordonnance de 1817 jusqu'en 1840, les évêques ont été autorisés à posséder et à acquérir au nom de leur diocèse ; que si, en 1840, le comité de législation du Conseil d'Etat, a contesté l'existence civile du diocèse en le considérant comme une simple circonscription administrative, et en attribuant au mot *évêché* contenu dans l'ordonnance de 1817, le sens exclusif de *mense épiscopale*, cette jurisprudence nouvelle contraire à celle qui avait été admise par les auteurs mêmes des dispositions que le Conseil d'État est chargé d'appliquer, combattue par tous les Ministres des Cultes, depuis 1840 jusqu'à

ce jour, et difficile à concilier, avec le texte et l'esprit de
la législation ci-dessus rappelée, n'a pas seulement modifié la pratique du gouvernement et du Conseil d'État lui-
même ; qu'en effet depuis 1840, comme antérieurement, de
nombreux décrets délibérés en Conseil d'État, ont autorisé
les évêques à accepter les libéralités faites en vue d'intérêts généraux de leurs diocèses, tels que : l'entretien des
prêtres auxiliaires, l'enseignement religieux de la jeunesse,
les retraites paroissiales, les secours aux fabriques pauvres,
la fondation, la restauration, l'acquisition et l'entretien des
chapelles de pèlerinages ou autres édifices n'ayant aucun
caractère paroissial, les bonnes œuvres en général, la célébration des messes et services, les secours aux prêtres
âgés ou infirmes, les besoins généraux du diocèse, les œuvres de bienfaisance etc., bien que les libéralités de cette
nature ne puissent être considérées comme faites à l'un des
établissements diocésains reconnus.

« Considérant, d'ailleurs, que l'évêque ne pourra acquérir à titre gratuit ou onéreux, au nom de son diocèse, que
sous le contrôle du Gouvernement qui restera toujours juge
de l'opportunité de l'autorisation, et en se conformant aux
principes généraux de la législation, aux règles spéciales
auxquelles sont soumis les établissements ecclésiastiques et
aux conditions qui pourront être déterminées dans chaque
espèce ;

« Est d'avis : que le diocèse étant capable de posséder,
d'acquérir et de recevoir, les évêques peuvent être autorisés à accepter les libéralités faites à leur diocèse ».

Que répondre à une argumentation aussi serrée, aussi pleine de textes et de faits ? Voici maintenant les arguments produits par le Conseil d'Etat, dans son avis du 17 mars 1880, à l'appui de la théorie qui refuse au diocèse la personnalité civile :

« Considérant que la personnalité civile d'un établissement ne peut résulter que d'une disposition précise, ou d'un ensemble de dispositions *impliquant son existence* ;

« Considérant qu'il n'a jamais été contesté que la personnalité civile du diocèse n'a été établie par aucun texte formel (!), mais qu'il a été soutenu que l'article 73 de la loi du 18 germinal an X se borne à désigner l'évêque pour accepter les fondations qui ont pour objet l'entretien des ministres, et l'exercice du culte, sans indiquer au nom de quel établissement cette acceptation doit avoir lieu ; que cette désignation de l'évêque diocésain n'avait d'autre but que de permettre l'exécution des libéralités pieuses, jusqu'à ce que les divers organes du culte catholique aient été constitués avec leurs attributions spéciales et en vue de leur mission particulière »…. Ainsi donc d'après le Conseil d'Etat de 1880, 1º aucun texte n'a établi la personnalité civile du diocèse ; 2º la désignation, par l'article 73 de la loi organique, de l'évêque diocésain, pour l'acceptation des fondations ayant pour objet très général, de pourvoir « à l'entretien des ministres et à l'exercice du culte », cette désignation n'aurait eu pour but que de permettre d'attendre la constitution des divers organes du culte catholique.

Ces deux propositions, qui constituent les deux pivots

du système que nous combattons, nous paraissent tellement douteuses, que nous demandons la permission de les
examiner l'une après l'autre.

Sur la première, nous serions tenté de demander au
Conseil d'État, quelle est donc, à ses yeux, la portée de
l'article 73 de la loi de germinal? Assurément, il nous ré-
pondrait : cet article « s'est borné à désigner l'évêque
pour l'acceptation des fondations ». Par malheur, cette
réponse ne résout rien du tout.

Au nom de qui, de quel établissement, de quelle personne morale, l'évêque acceptait-il, depuis 1802 jusqu'à
1813, les fondations destinées à l'entretien des ministres et
à l'exercice du culte? Ce n'était pas, sans doute, en son
nom personnel, et les libéralités qu'il acceptait ainsi, ne
devenaient pas sa propriété pour passer ensuite à ses héritiers? Mais alors, à qui allaient ces libéralités? de qui de-
venaient-elles la propriété? Il fallait bien qu'il y eut derrière l'évêque, une personnalité capable de les acquérir et
de les posséder, et cette personnalité devait être nécessairement, un être moral. Quelle pouvait être cette personnalité morale? De toutes celles qui ont été constituées
depuis, aucune ne répond à la généralité des termes de
l'article 73 de la loi de germinal, si ce n'est le diocèse, per-
sonnifié dans son chef? Nous concluons que l'évêque, ne
pouvait accepter ces libéralités qu'au nom du diocèse ou
évêché (1), et que par suite la personnalité civile du dio-

(1) C'est bien à tort, selon nous, que le Conseil d'État de 1880 veut faire
du mot *évêché* le synonyme de *mense épiscopale*. Les mots *évêché* et *dio-*

cèse ou évêché a été établie par la loi du 18 germinal an X, article 73.

Étant donné que le diocèse jouissait de la personnalité civile de 1802 à 1813, nous croyons avoir démontré que juridiquement il n'en pouvait être différemment, il résulterait de la deuxième proposition contenue dans l'avis de 1880, que cet établissement public n'était que provisoire, et a disparu dès que les divers organes du culte catholique ont été constitués par des lois spéciales. C'est là une pure affirmation que le Conseil d'État s'est contenté d'émettre, mais n'a nullement prouvée. Nous doutons d'ailleurs que cette proposition soit plus juridique que la première. Comment le Conseil d'État peut-il admettre, qu'une personne morale peut être privée de son existence civile, *sans un texte formel* ? Et nous lui demanderons quel est le texte qui abroge l'article 73 de la loi de germinal an X ? Comme le disait fort bien l'avis du 13 mai 1874, l'institution « d'établissements diocésains particuliers, n'a pu avoir pour résultat d'enlever au diocèse sa personnalité ». Cela, c'est l'évidence ; de même que tous les établissements publics qui existent dans l'État, bien que répondant à la presque totalité des intérêts des citoyens, ne peuvent enlever à l'État, son existence civile. Le diocèse a en effet des intérêts généraux qui ne rentrent dans aucun des établissements ecclésiastiques spéciaux, quoiqu'en dise l'avis de 1880. L'a-

---

*cèse,* ont tous deux une signification générale, *mense épiscopale* a un sens technique et spécial et ces deux acceptions ne sont jamais confondues par le législateur.

vis de 1874 en fournit de nombreux exemples. N'aurait-il
que celui de venir en aide à ces établissements spéciaux,
comme par des secours aux fabriques pauvres, que son existence n'en serait pas moins justifiée. Quand on ajoute aux
motifs juridiques donnés plus haut, cette constatation que,
pendant un siècle, une pratique gouvernementale qui ne
s'est pas démentie jusqu'à ces dernières années, corrobo-
rée par de nombreux décrets du Conseil d'État lui-même,
autorisait l'évêque à accepter des libéralités au nom des
intérêts généraux de son diocèse, comme l'éducation religieuse de la jeunesse, les bonnes œuvres, etc... on est en
droit de se demander si la théorie de la personnalité civile
du diocèse a été ébranlée par l'avis du 17 mars 1880, et de
répondre négativement.

III. *Principe de la spécialité des menses épiscopales.* —
Si l'on admet la théorie *actuelle* du Conseil d'État, c'est-
à-dire, si l'on refuse de reconnaître au diocèse la personnalité civile, il faut en conclure qu'aujourd'hui, l'évêque
ne peut accepter aucune libéralité pour un motif autre que
l'amélioration de sa situation temporelle. Si par exemple
un legs est fait à un évêché pour fondation de messes (1),
pour la fondation d'une école (2) ou d'un patronage (3), ou
pour une œuvre quelconque, l'évêque est incapable de l'accepter. C'est en effet un principe que le Conseil d'État tient
de plus en plus à appliquer avec rigueur, que les établis-

______

(1) Avis du 5 février 1890.
(2) Grenoble, 18 avril 1889.
(3) Décret, 26 septembre 1887.

sements ecclésiastiques ne peuvent accepter de libéralités qu'en vue de la destination spéciale qu'ils ont reçue de la loi.

Si l'on n'admet pas la personnalité civile d'un diocèse un bon nombre d'intérêts purement religieux qu'il est dans la mission de l'évêque de sauvegardér et de développer, sont privés de tout soutien matériel par suite de l'absence d'une personnalité morale assez générale pour les représenter tous. Le principe de la spécialité des établissements ecclésiastiques, est, au point de vue juridique, à peu près inattaquable, car il puise une très grande force dans le texte et dans l'esprit des lois qui ont donné la vie civile à ces établissements.

Aussi devient-il singulièrement gênant pour les partisans de la doctrine du Conseil d'État sur l'existence civile du diocèse, lorsqu'ils se trouvent en présence de lois spéciales qui attribuent à ce qu'ils croient être une mense épiscopale, la propriété de biens dont la nature et le caractère ne rentrent pas du tout dans la destination spéciale donnée à ces établisssements, par le législateur.

Nous faisons ici allusion à la loi du 31 juillet 1873, qui a reconnu d'utilité publique, la construction de la basilique du Sacré-Cœur, sur la Colline de Montmartre, à Paris. Cette loi donne à l'archevêque de Paris et à ses successeurs le droit d'acquérir, à l'amiable ou par voie d'expropriation, les terrains nécessaires à la construction de ce temple. On a fait observer que cette loi méconnaissait les principes de notre droit public, en ce qu'elle attribuait à une mense épiscopale, dont la destination spéciale, est l'amélioration de la situation temporelle de son titulaire, la propriété d'une église imprescriptible et inaliénable. Nous sommes absolument de cet avis : Il est impossible d'expliquer la loi du 31 juillet 1873, si l'on ne reconnaît pas à l'archevêché, c'est-à-dire au diocèse de Paris, la personnalité civile. De deux choses l'une, ou bien le législateur de 1873 a méconnu le principe de la spécialité des établissements ecclésiastiques, ou bien il a reconnu au diocèse de Paris la personnalité civile. Le Conseil d'État actuel se trouve réduit à la constatation de cette alternative douloureuse.

Nous sommes, quant à nous, persuadés que loin de violer un principe général de notre droit public, la spécialité des établissements ecclésiastiques, le législateur de 1873, a bien au contraire, reconnu un principe non moins certain, l'existence d'une personnalité morale plus générale que la mense : le diocèse.

IV. *Droit de jouissance des évêques.* — Le décret du 6 novembre 1813 qui a organisé définitivement les menses épiscopales, donne aux évêques l'administration et la jouissance libres de leurs biens. Les évêques jouissent donc, sans contrôle, de tous les avantages, et sont soumis à toutes les obligations qui découlent de l'usufruit. Voici à ce sujet les dispositions des articles 6 et suivants du décret :

Article 6 : Les titulaires exercent les droits d'usufruit ; ils en supportent les charges, le tout ainsi qu'il est établi par le Code civil, et conformément aux explications et modifications ci-après.

Article 7 : Le procès-verbal de leur prise de possession, dressé par le juge de paix, portera la promesse par eux souscrite, *de jouir des biens en bons pères de famille*, de les entretenir avec soin et de s'opposer à toute usurpation ou détérioration.

Article 8 : Sont défendus aux titulaires, et déclarés nuls, toutes aliénations, échanges, stipulations d'hypothèques, concessions de servitudes, et en général toutes dispositions opérant un changement dans la nature desdits biens, ou une diminution dans leurs produits, *à moins que ces actes ne soient par nous autorisés* en la forme accoutumée.

Article 9 : Les titulaires ne pourront faire des baux excédant neuf ans (1), que par forme d'adjudication aux enchères, et après que l'utilité en aura été déclarée par deux experts qui visiteront les lieux et feront leur rapport ; ces experts seront nommés par le… préfet, s'il s'agit de biens d'évêchés, de chapitres ou de séminaires. Ces baux ne continueront à l'égard des successeurs, des titulaires, que de la manière prescrite par l'article 1429 du Code civil.

Article 12 : Les titulaires ayant des bois dans leur dotation en jouiront conformément à l'article 590 du Code civil, si ce sont des bois taillis. Quant aux arbres futaies,

(1) Cette disposition a été modifiée par la loi du 25 mai 1835 dont l'article unique porte : « Les communes, hospices et *tous autres établissements publics*, pourront affermer leurs *biens ruraux* pour *dix-huit années* et au-dessous, sans autres formalités que celles prescrites pour les baux de neuf années ».

réunis en bois ou épars, ils devront se conformer à ce qui est ordonné pour les bois des communes.

Article 13 : Les titulaires seront tenus de toutes les réparations des biens dont ils jouissent.

On pourrait condenser toutes ces dispositions de la façon suivante : L'évêque n'est pas plein propriétaire des biens composant sa mense ; le véritable propriétaire, c'est la mense épiscopale elle-même, être moral. Mais, comme tout administrateur d'établissement public, l'évêque a des pouvoirs plus étendus que ceux d'un simple usufruitier. Il faut en effet que les actes qui découlent du seul droit de propriété, les aliénations par exemple, puissent être faits, lorsque leur utilité se fait sentir, ou leur nécessité s'impose.

L'évêque peut alors les faire, mais avec l'autorisation préalable du gouvernement.

Mais tous actes portant atteinte à la propriété de la mense, aliénations, hypothèques, servitudes, etc... qui seraient faits par l'évêque sans l'autorisation gouvernementale, seraient radicalement nuls. Il s'ensuit que si un évêque a contracté sans autorisation, *en sa qualité d'évêque*, cet engagement qui ne pourrait être exécuté que sur les biens dépendants de l'évêché, devient également nul et ne peut même pas donner lieu à une condamnation à des dommages-intérêts sur la fortune particulière de l'évêque.

Mais un évêque pourrait contracter un engagement « en son propre et privé nom ». L'exécution pourrait alors en être demandée sur ses biens personnels.

Que décider pour les instances relatives aux biens de la mense ? L'article 14 du même décret résout la question par une distinction qui n'est que la conséquence des dispositions précédentes, sur les pouvoirs généraux de l'évêque. S'il s'agit d'actions portant sur les « droits fonciers de la mense », c'est-à-dire sur la *propriété* des biens qui en font partie, l'évêque ne pourra, ni les intenter, ni même y défendre, sans l'autorisation préalable du conseil de préfecture. Si, au contraire, il s'agit simplement d'un procès relatif à des droits mobiliers, ou à l'administration des biens immobiliers, l'évêque n'a besoin d'aucune autorisation pour y paraître, en qualité de demandeur ou de défendeur.

En deux mots : l'évêque représente la mense dans tous les actes de la vie civile. Il en a la complète jouissance et la libre administration, sous la condition d'y faire toutes les réparations nécessaires : celles qui sont à la charge du propriétaire, comme celles qui incombent à l'usufruitier. Enfin il peut aussi accomplir les actes qui sont le privilège exclusif du propriétaire, avec l'autorisation préalable du gouvernement.

V. *Du droit de régale.* — Sous notre ancienne monarchie, le roi était considéré comme le supérieur temporel de l'Eglise du royaume ; son autorité portait à la fois, sur les personnes et sur les biens : il était l'*évêque du dehors.* Il faut reconnaître, en effet, que la protection exclusive qu'il accordait à la religion catholique, la profession personnelle et publique qu'il en faisait, et les libéralités dont il avait doté les titulaires ecclésiastiques, lui donnaient quelque droit à ce titre d'évêque extérieur.

En vertu de ce principe, le roi avait en quelque sorte le « domaine éminent » de tous les biens ecclésiastiques, de même que les grands-vassaux reconnaissaient dans le roi, le « souverain fieffeux de tout le royaume », et lui demandaient l'investiture de leurs fiefs dont ils lui « portaient l'hommage ».

Voici ce que nous lisons en effet dans Févret (1) : « Un autre droit de supériorité bien considérable qu'ont nos roys sur ce temporel ecclésiastique, est que les archevêques et évêques reconnaissent tenir leur temporel du roy, et luy en font, non pas les foy et hommage, comme vasseaux à leur seigneur, veu que *les biens ecclésiastiques sont déchargez de ces sujections hommagères* : mais ils prêtent le serment de fidélité entre les mains du roy qui leur accorde leur revenu par forme d'investiture, suivant la coutume ancienne et immémoriale du royaume ». Une conséquence de ce « domaine éminent » du roi sur les biens ecclésiastiques, qu'en tirèrent bientôt les légistes, fut le droit de régale. En quoi consistait-il ? Févret nous l'apprendra également (2) : « L'une des plus belles marques de supériorité qu'ayent nos roys sur les biens et revenus temporels ecclésiastiques, est la régale, qui consiste en la perception des fruits et revenus de l'évêché vacquant, jusque à ce que l'archevêque ou l'évêque nouvellement pourvû ait fait et

(1) *Traité de l'abus*, livre I, ch. VIII, p. 80.
(2) *Eod.*, p. 79.

passé le serment de fidélité au roy. Ce droit est vrayment royal et inséparable de la dignité royale, duquel nos Princes ont usé avec tant de modération et de piété, qu'ils ont destiné et affecté les fruits qu'ils avaient droit de percevoir pendant la régale, aux trésorier, chantre et chanoines de leur sainte chapelle de Paris, pour les employer à l'honneur et décoration du divin service ».

On le voit, le droit de régale était, comme son nom l'indique, un droit inhérent à la couronne. Il donnait au roi, le pouvoir de nommer un administrateur des biens dépendants de l'archevêché ou de l'évêché, pendant la vacance de ce siège, c'est-à-dire depuis la mort de son titulaire, jusqu'au jour où son successeur avait prêté, entre les mains du roi, le serment de fidélité. Cet administrateur percevait, au nom du roi, les fruits et revenus des biens épiscopaux. Le roi avait aussi la faculté, Févret le dit plus loin, de nommer à tous les bénéfices diocésains qui étaient à la nomination de l'évêque.

Qu'est devenu le droit de régale dans notre droit actuel ?

Le concordat et la loi du 18 germinal an X, sont muets à cet égard. Les articles 35 à 38 de la loi de germinal parlent bien du gouvernement des diocèses pendant la vacance du siège, mais ils ne font apparemment allusion qu'à leur gouvernement spirituel ; les menses épiscopales en effet n'étaient pas encore organisées. Dans le décret du 6 novembre 1813, qui a force de loi, ainsi que nous l'avons fait remarquer plus haut, nous trouvons au contraire, un exposé complet du droit de régale et de son exercice.

L'article 33 dit tout d'abord, d'une façon générale :
« Le droit de régale continuera d'être exercé dans l'empire, ainsi qu'il l'a été de tout temps, par les souverains nos prédécesseurs ».

Les articles suivants sont relatifs aux formalités auxquelles le commissaire-administrateur, nommé par le Ministre des cultes, doit se conformer, aux registres qu'il doit tenir, au serment qu'il doit prêter, aux attributions que le décret lui confère, enfin à la rémunération à laquelle il a droit.

Quelles sont ses attributions ? La réponse est toute simple ; elle résulte d'une façon formelle de l'article 34 du décret : « Au décès de chaque archevêque ou évêque, il sera nommé par notre Ministre des Cultes, un commissaire *pour l'administration* des biens de la mense épiscopale pendant la vacance ». Ce commissaire a donc uniquement, les pouvoirs d'un administrateur. Cela résulte encore de plusieurs autres articles et notamment de l'article 41 suivant : « Le commissaire sera tenu pendant sa *gestion*, d'acquitter toutes les charges ordinaires de la mense ; il ne pourra renouveler les baux, ni couper aucun arbre de futaie en masse de bois ou épars, ni entreprendre au delà des coupes ordinaires de bois taillis et de ce qui en est la suite ».

De ces articles et des autres qu'il serait trop long de transcrire, ici, il résulte que le but que s'est proposé le législateur de 1813 a été de pourvoir à la bonne administration des biens épiscopaux, pendant la vacance du siège, de n'omettre aucune réparation nécessaire à leur conservation, de veiller, en un mot, à ce que rien ne périclite. Il suffit, à notre avis de lire les articles 33 à 48 du décret du 6 novembre 1813, pour être bien persuadé que c'est là l'esprit véritable de ce décret.

Tout cela était parfaitement connu et accepté de tout le monde (1) jusqu'aux deux récents décrets du Président de la République statuant en Conseil d'État.

Les décrets du 5 avril 1884 et du 3 juillet 1888 rendus, l'un à propos de la mense archiépiscopale de Tours, l'autre au sujet de la mense épiscopale de Limoges, ont reconnu à l'administrateur d'une mense épiscopale, le droit de vendre, avec l'autorisation du Gouvernement, le Conseil d'État entendu, les immeubles faisant partie de cette mense.

Cette décision nous paraît à la fois contraire, aux précédents historiques, au décret de 1813, enfin à tous les principes généraux qui doivent régir cette matière.

Aux précédents historiques d'abord.

Ces précédents seraient-ils favorables à la thèse actuelle du Conseil d'État, que nous ne lui reconnaîtrions pas le droit de les invoquer. Le fondement, que nous avons indiqué plus haut, du droit de régale sous l'ancien régime, ce domaine éminent que possédait le roi sur tous les fiefs et tous les bénéfices du royaume, cet ensemble de circonstances qui faisaient de lui l'évêque du dehors, tout cela a disparu. La révolution a fait table rase d'un passé que ni

(1) V. Batbie, *Droit administratif*, V, n° 224.

le Concordat, ni les lois qui l'ont suivi n'ont pu, ni voulu ressusciter. Aujourd'hui donc, le seul fondement du droit de régale, c'est le décret du 6 novembre 1813 et rien de plus.

Mais il ne nous en coûterait nullement, de suivre le Conseil d'État sur le terrain de la Tradition. Févret nous a dit plus haut, en quoi consistait le droit de régale : « *en la perception des fruits et revenus de l'évêché vacquant* ». Du reste, il eût été si contraire à tous les principes d'aliéner un bien d'Eglise, surtout pendant la vacance du siège dont il dépendait, que nous croyons pouvoir mettre au défi, qui que ce soit, de nous en citer un seul exemple. La Cour de Limoges, dans un arrêt du 13 août 1888 rendu sur la même affaire qui avait déjà occupé le Conseil d'État le 3 juillet précédent, la Cour de Limoges prétend qu'il était de principe que le roi, pendant la vacance d'un évêché, était « à la place de l'évêque ». Sans doute, la formule est exacte, mais elle signifiait simplement que le roi, comme l'évêque, pouvait jouir des revenus de l'évêché et surtout nommer aux bénéfices qui étaient, en temps ordinaire, à la nomination de l'évêque. Elle ne pouvait pas vouloir dire que le roi avait le droit d'aliéner les biens, puisque ce n'était même pas au pouvoir de l'évêque.

Ainsi lorsque l'article 33 du décret de 1813 dit que le « droit de régale continuera de s'exercer dans l'empire, *ainsi qu'il l'a été de tout temps* », il ne donne par cela aucun appui à la théorie nouvelle du Conseil d'État, et nous sommes au contraire, autorisés à l'invoquer contre lui.

Si nous passons au décret de 1813, lui-même, qui doit être le siège de toute discussion, nous ne voyons pas davantage sur quoi peut s'appuyer le Conseil d'État ; nous voyons très bien, au contraire que sa théorie est inconciliable avec tous les articles de ce décret sur la matière spéciale du droit de régale. Pour être plus court et plus clair nous n'en citerons que trois : d'abord l'article 34 aux termes duquel : « Au décès d'un archevêque ou d'un évêque, il sera nommé par le Ministre des Cultes un commissaire *pour l'administration* des biens de la mense ». Un administrateur n'a pas en général le pouvoir d'aliéner ; c'est du reste ce que vient confirmer l'article 41 :... Il (le commissaire) ne pourra renouveler les baux, ni couper aucun arbre de futaie en masse de bois ou épars.... »

A plus forte raison ne peut-il pas aliéner un immeuble. Enfin, pour comprendre combien l'hypothèse d'une aliénation était loin de la pensée et des prévisions du législateur de 1813, il suffit de lire l'article 48 : « La rétribution du commissaire sera réglée par le Ministre des Cultes ; elle ne pourra excéder 5 centimes pour un franc de revenus, et 3 centimes pour franc du prix *du mobilier* dépendant de la succession, *en cas de vente*... » Il entre en effet dans les pouvoirs et souvent dans le devoir impérieux d'un administrateur d'aliéner les meubles sujets à dépérissement. C'est en prévision de cette hypothèse, souvent réalisée, que l'article 48 alloue au commissaire, 3 pour 100 sur les ventes mobilières. S'il avait reconnu à l'administrateur le droit de vendre les immeubles même avec l'autorisation du Gouvernement il se serait bien gardé d'ajouter le mot « mobilier », afin de laisser à sa disposition, une portée générale à toutes sortes de ventes mobilières ou immobilières. Mais non ; il a soin de préciser que dans sa pensée, il ne peut être fait que des ventes « du mobilier dépendant de l'évêché ».

Repoussée par la tradition et par la seule loi que nous possédions sur cette matière, la théorie nouvelle qui donne à l'administrateur temporaire d'une mense épiscopale le droit d'aliéner les immeubles, va-t-elle trouver dans les principes généraux un appui quelque peu solide.

Le Conseil d'Etat a invoqué en effet, dans les deux espèces, sur lesquelles il s'est prononcé, le principe de la spécialité des menses épiscopales, dont nous avons parlé plus haut.

D'après ce principe, les menses épiscopales comme tous établissements ecclésiastiques, ne peuvent acquérir des biens pour un but différent de celui en vue duquel elles ont été fondées. Or dans l'affaire de Limoges, notamment, il s'agissait de deux immeubles situés à Limoges, d'une valeur totale de 150.000 francs, et qui avaient été signalés au gouvernement comme ne rapportant aucun revenu à la mense, parce qu'ils étaient affectés, l'un au logement des Oblats, congrégation dissoute, l'autre à la tenue d'un cercle catholique.

Si c'est là le fondement juridique de la théorie du Conseil d'Etat, nous nous permettons de le trouver tout à fait insuffisant. Il aboutit même, à une hérésie juridique :

le commissaire administrateur, autorisé du Conseil d'E-
tat, aurait le droit de méconnaître et de révoquer une propriété pour ce seul motif, qu'elle est rentrée dans un patrimoine avec une destination que la loi n'approuve pas,
ou du moins, comme dans l'espèce de Limoges, parce que
entrée dans un patrimoine pour une fin légale, elle en a
été détournée par le titulaire de ce patrimoine, qui l'a af-
fectée à des intérêts illégaux.

Comment ne pas voir, qu'un bien entré régulièrement
dans un patrimoine, surtout lorsque le Gouvernement a
donné son approbation à cette acquisition, ne saurait en
sortir sans la volonté du propriétaire, hors l'hypothèse,
bien loin de la nôtre, où il y a expropriation pour cause
d'utilité publique. Le véritable propriétaire des biens de
la mense épiscopale, nous l'avons dit plus haut, c'est la
mense elle-même. Le seul représentant légitime de cet
être moral, celui qui seul a la jouissance et l'*exercice* de
ses droits, c'est l'évêque ; lui seul, par conséquent, peut,
sous la garantie de l'autorisation gouvernementale, aliéner
les immeubles qui sont la propriété de la mense. Le commissaire, même avec l'autorisation du Conseil d'Etat, n'est
là, pendant la vacance du siège, que pour percevoir les
revenus et faire les actes de pure administration, tels que
les réparations.

Que l'on ne prétende pas, d'ailleurs, que le Conseil d'Etat
avait le devoir de faire rentrer sous l'application du principe de la spécialité, tel ou tel bien des menses épiscopales
de Tours ou de Limoges. Son seul devoir, son unique droit

est de veiller à ce que, lorsqu'un bien est donné ou légué
à une mense épiscopale, l'auteur de la libéralité n'impose
pas à l'évêque de l'affecter à une œuvre que le Conseil d'Etat
ne considère pas comme conforme au caractère de la mense.
Mais lorsqu'un bien a été régulièrement acquis à une mense,
l'évêque a le droit de l'affecter, d'en consacrer les revenus
à telle œuvre qu'il lui plaît, *sous la condition*, bien entendu,
de ne porter aucune atteinte au droit de ses successeurs.
Qu'est-ce en effet, quand on va au fond des choses, que la
mense épiscopale, être moral, considéré comme capable
d'acquérir et de posséder ? C'est l'ensemble des évêques qui
doivent se succéder sur un siège. C'est l'évêque actuel et
avec lui tous ses successeurs. C'est sur cet ensemble de
personnes, que se fixe la plénitude du droit de propriété
des biens de la mense. Par suite, un évêque a le droit de
faire ce qu'il veut de ces biens, à la condition : 1º de ne
porter aucune atteinte au droit de ses successeurs, 2º de
n'en pas faire un usage contraire à l'ordre public.

Pour reprendre l'exemple de la mense épiscopale de
Limoges : L'évêque défunt avait affecté deux immeubles,
l'un au logement de religieux, l'autre à la tenue d'un cercle catholique. Il était dans le pouvoir certain du successeur de se débarrasser soit des religieux, soit du cercle
catholique. Mais si le successeur avait voulu, comme son
prédécesseur, conserver à ces immeubles cette affectation,
en vertu de quel principe, de quelle loi, le Conseil d'État
l'en aurait-il empêché ? Un bien est donné à un individu
pour qu'il en jouisse ; qui peut l'empêcher de renoncer de

lui-même, et pour le temps qu'il lui plaira, sans engager
l'avenir, à consommer les revenus de ce bien, de les consacrer à l'entretien d'autres personnes. Si quelqu'un pouvait le lui interdire, ce serait le donateur, et encore pour
certains motifs seulement, comme l'ingratitude, l'inexécu-
tion des charges ; mais dans le silence du propriétaire ou
de ses héritiers, ce droit n'appartiendrait à personne, pas
même au Conseil d'État.

Un dernier mot : si l'on reconnaissait au Conseil d'Etat
ce droit exorbitant, de contrôler l'usage que les évêques
font des revenus des biens de leur mense, encore ne de-
vrait-on pas lui donner celui, plus extraordinaire, d'autoriser l'aliénation de ces biens, sous prétexte de les faire
rentrer sous l'application du principe de la spécialité. Si
le gouvernement a le droit d'empêcher un évêque, d'avoir
dans un immeuble dépendant de sa mense, soit des religieux, soit un cercle catholique, il lui suffit de l'interdire
personnellement et directement à l'évêque, et d'employer
au besoin, la force publique, à l'exécution de sa décision.

# POSITIONS

---

Positions prises dans la thèse.

DROIT ROMAIN.

. — La juridiction épiscopale était un pouvoir *sui generis*. Elle ne peut être assimilée d'une façon complète, ni au pouvoir des juges-jurés, ni à celui des arbitres.

II. — Sous l'empire de la constitution de 318 les juges civils n'avaient aucun droit de révision sur les sentences épiscopales ; ils se bornaient à en assurer l'exécution.

III. — La constitution de 331 est authentique.

IV. — Les évêques ont très rarement rempli les fonctions électives de défenseurs des cités, telles que les avaient organisées les empereurs Valens, Valentinien et Justinien ; mais ils étaient eux-mêmes les défenseurs permanents du peuple des cités, en vertu d'attributions qui leur étaient propres, qu'ils possédaient en qualité d'évêques.

DROIT FRANÇAIS.

V. — Le gouvernement n'a pas le droit de saisir, de sa propre autorité, le traitement des évêques.

VI. — Le décret du 7 germinal an XIII ne donne pas à l'évêque un droit de propriété sur les livres d'église, dont il n'est pas l'auteur ; mais il lui reconnaît celui d'autoriser personnellement chaque libraire qui désire les publier, et même de donner à un seul, le monopole de cette publication.

VII. — Le diocèse est un établissement public.

VIII. — Le commissaire administrateur d'une mense épiscopale, pendant la vacance du siège, ne peut pas, même avec l'autorisation du gouvernement, aliéner les immeubles dépendants de cette mense.

## Positions prises en dehors de la thèse.

### DROIT ROMAIN

IX. — L'erreur de droit comme l'erreur de fait, donnait ouverture à la *condictio indebiti*.

X. — Les mineurs de vingt-cinq ans ne pouvaient, en principe, même depuis Marc-Aurèle, être pourvus d'un curateur général, que sur leur demande.

XI. — La *litis contestatio* laissait subsister une obligation naturelle.

XII. — La femme absente ne pouvait pas se marier.

### DROIT CIVIL

XIII.— Les ventes entre époux, en dehors des trois cas prévus par l'article 1595 C. c., sont nulles.

XIV.— La femme dotale, même autorisée de son mari, ne peut pas renoncer à la créance en restitution de sa dot mobilière, ni à l'hypothèque légale qui en est la garantie ; mais le mari peut aliéner les meubles composant cette dot.

XV.— Les père et mère ne peuvent pas réduire de leur vivant, leur enfant naturel reconnu, à la moitié de sa part héréditaire, sans le consentement de ce dernier.

XVI.— Les menaces de grève adressées, sans violences, ni manœuvres frauduleuses, par un syndicat à un patron, pour lui imposer le renvoi d'un ouvrier non syndiqué, rendent le syndicat passible de dommages-intérêts envers l'ouvrier congédié.

## DROIT PÉNAL

XVII. — Après un acquittement en Cour d'assises, l'accusé peut être à nouveau poursuivi, soit devant une juridiction inférieure, soit devant un autre jury, pour le même fait qualifié d'une autre façon.

## DROIT CONSTITUTIONNEL

XVIII. — Dans la constitution d'un pays libre, il doit y avoir trois pouvoirs indépendants les uns des autres : le pouvoir législatif, le pouvoir exécutif et le pouvoir judiciaire.

## ÉCONOMIE POLITIQUE

XIX.— L'impôt proportionnel est aussi conforme à l'équité que l'impôt progressif lui est contraire.

## SCIENCE FINANCIÈRE

XX.— Dans l'état actuel du marché, l'or est le meilleur étalon monétaire.

Vu :

Par le Président de la thèse,

GLASSON.

Vu :

Par le Doyen,

COLMET DE SANTERRE.

Vu et permis d'imprimer :

*Le Vice-Recteur de l'Académie de Paris,*

GRÉARD.

# TABLE DES MATIÈRES

## DROIT ROMAIN

### DU ROLE DES ÉVÊQUES DANS LE DROIT PUBLIC ET PRIVÉ DU BAS-EMPIRE

---

# DROIT FRANÇAIS

## DES ÉVÊQUES DANS LEURS RAPPORTS AVEC LE POUVOIR CIVIL

Imp. G. Saint-Aubin et Thevenot, Saint-Dizier, 80, passage Verdeau, Paris.